做自己的律师

丛书主编/韩文生

以案说法

——公司纠纷法律指引

丁亚琪 主编

中国言实出版社

图书在版编目(CIP)数据

以案说法：公司纠纷法律指引 / 丁亚琪主编.
北京：中国言实出版社，2024. 11. —— (做自己的律师 /
韩文生主编). —— ISBN 978-7-5171-4837-1

Ⅰ. D925.105
中国国家版本馆CIP数据核字第20240VJ384号

以案说法——公司纠纷法律指引

责任编辑：王战星
责任校对：代青霞

出版发行：中国言实出版社
    地 址：北京市朝阳区北苑路180号加利大厦5号楼105室
    邮 编：100101
    编辑部：北京市海淀区花园北路35号院9号楼302室
    邮 编：100083
    电 话：010-64924853(总编室) 010-64924716(发行部)
    网 址：www.zgyscbs.cn 电子邮箱：zgyscbs@263.net

经 销：新华书店
印 刷：北京铭传印刷有限公司
版 次：2025年1月第1版 2025年1月第1次印刷
规 格：880毫米×1230毫米 1/32 10.5印张
字 数：225千字

定 价：68.00元
书 号：ISBN 978-7-5171-4837-1

丛书编委会

主　任

韩文生

副主任

许身健

编委（以姓氏笔画排序）

丁亚琪　乌　兰　刘　涛　刘炫麟
刘智慧　苏　宇　李　晓　李　琳
范　伟　赵　霞　臧德胜

本书编委会

主　编

丁亚琪

副主编

刘建伟

撰稿人（以姓氏笔画排序）

丁亚琪　刘建伟　杨　欢　杨馥瑜

吴洪林　迟舜雨　张　帅　张　军

张聪琦　陈　希　金小孟　单　腾

裴莹莹

总　序

在建设法治中国这一波澜壮阔的历史征程中，每个公民不仅是其辉煌历程的见证人，更是积极参与、奋力推动其前行的中坚力量。面对法治时代的召唤，我们如何自处？答案既简单又深远：既要成为遵纪守法的模范公民，又要勇于并善于拿起法律武器，捍卫自身合法权益。这一使命，可概括为以下四个方面：

一是树立法治意识。这是心灵深处的法律灯塔，照亮公民对法律的认知之路。它不仅是对法律规则的敬畏与尊重，更是内化为日常行为的自觉遵循，其强弱直接关系到法治社会的建设成效。

二是培养法治思维。这是开启法律智慧大门的钥匙，引领我们从法治的视角审视世界、解决问题，是推动社会公正与和谐的重要力量。

三是提升法治能力。这不仅是具备从法律视角发现问题、分析问题、解决问题的能力，还体现在能够依法处理各类法律事务上。随着国家治理体系和治理能力现代化的推进，法治能力是每个公民不可或缺的。

四是依法维护自身合法权益。法律，是公民权利的守护神。

在权益受到不法侵害时，我们不应选择沉默或妥协，而应勇敢地拿起法律武器，捍卫自己的尊严与权益。通过学习法律知识，了解法律程序，我们能够更加自信地面对挑战，确保自己的合法权益不受侵犯。

这套"做自己的律师"丛书，正是基于这样的理念与使命而诞生。它汇聚了我们身边一些常见的、真实的、典型的法律案例，通过深入解析，全方位、多角度地满足读者学习法律的需求。

丛书共9册，包括婚姻家庭继承、侵权、消费者权益保护、物权、合同、公司、劳动、刑事、行政等法律领域，为读者提供了全面而深入的法律指引。

我坚信，这套丛书将成为读者提升法治意识、培养法治思维、增强法治能力、依法维护自身合法权益的得力助手。书中丰富的案例，如同明灯一般，为读者提供可借鉴、可参考的解决方案，让法律不再是遥不可及的概念，而是触手可及、切实可行的行动指南。

我深信，当您细细品读本套丛书之时，定能更深刻地领悟法律之精髓，体会法治之真谛。在这一过程中，您将获得法律知识的全面滋养，清晰界定自己在法律框架中的位置，明确自身权利、义务与责任，从而在面对生活与工作的种种情境时，能够更加自信、有力地捍卫自己的合法权益。

本套丛书的作者包括中国政法大学的专家、学者和司法实践经验丰富的律师、法官等。尽管每位成员的工作均极为繁重，但他们以法律普及为己任，不辞辛劳，甘愿牺牲个人休息时间，夜以继日，只为将法律的精髓与智慧凝结成册，按期呈现给广大读者。在此，特向他们致以衷心的感谢！

本套丛书不仅对社会大众读者广有裨益，而且对从事立法、行政执法、司法、纪检监察、律师、公证、基层法律服务、法学教研、社区和村民自治等相关工作的人士同样具有重要参考价值。

愿法律与您同在，愿法治与您同行！

韩文生

中国政法大学法硕学院党委书记

前　言

　　党的二十大报告指出，要"完善中国特色现代企业制度，弘扬企业家精神，加快建设世界一流企业"，并将此作为"构建高水平社会主义市场经济体制"的重要任务。完善中国特色现代企业制度作为宏观视域下的政策概念，需要经历从政策布局到实践落地、从政治引领到法律表达、从理论构建到范式转换的过程，其中，有关精神实质、法律本质和规范内质在公司法层面的阐述和落实尤为重要。随着国家对公司合规要求的不断提升，如何阻遏公司违规甚至犯罪，构建商业发展与公司合规之间的动态平衡，也成了公司可持续发展的应有之义。

　　商业实践的发展波谲云诡，组织形态、交易模式、制度创新变幻莫测；权责体系、理论观点、裁判动向扑朔迷离，故仅靠对于立法的查阅，并不能很好地指导以及回应商事实践中出现的问题。因此，案例研习和解剖便成了切入公司纠纷的重要视角。本书以"做自己的律师"为编写主旨，挑选近70个既为理论难点，亦是实务痛点的相关案例，每部分沿"案例简介""以案说法""专家建议""相关法条"的体例展开，不仅可以帮助读者们迅速定位公司症结、诊断开方，亦可未雨绸缪、防患未然。

　　2023年，新修订的《中华人民共和国公司法》（以下简称《公司法》）出台，在众多维度均进行了实质性的修订，自2024年7月1日起施行。本书出版迎来新修订的《公司法》施行，为此，编委会选择了十余位理论学者和实务专家，从公司组织过程、公司资本、公司治理三个层面构建公司纠纷法律指引，包括公司设立、公司终止、股东出资、对外担保、利润分配、对赌协议、公司章程、公司决议、关联交易、董监高责任等公司纠纷高发领域，不仅深入剖析案件争议焦点，更结合理论界的相关讨论，指明裁判走向，并依据2023年新修订的《公司法》的最新条款，提出具有针对性的专家建议，旨在减少公司经营纠纷、提升公司合规质量。

　　本书数次审校，力求完善，但由于学识浅薄，书中错讹，恐在所难免，祈请广大读者批评指正，以不断修正和完善。

本书编委会

2024年3月25日

目　录

第一部分

公司组织过程篇

第一章　公司设立纠纷

待生公司：设立中公司能赚钱吗

在公司没正式成立之前，还无法独立做生意，也不能享受或承担法律上的权利和义务。但有时候，为了能在将来站稳脚跟，这个"准备中的公司"可能会提前从事一些准备工作和商业活动，为将来的开业攒点资本。可问题是，要是最后这个公司没能成立起来，那它之前辛苦赚的那些钱该怎么办呢？该由谁来分这笔钱呢？

一、案例简介

（一）基本案情

2005年4月，李某1、郑某某、张某某三人共同出资成立"乌拉特前旗秦安磁选厂"（以下简称"秦安磁选厂"），合伙人共12名，其中李某1名下出资的90万元由其本人的47.67万元、丁某某的33.33万元、尤某某的9万元组成；郑某某名下出资的90万元由其本人的25万元、陈某5的22.5万元、熊某某的22.5万元、李某2的20万元构成；张某某名下出资的90万元由其本人的20万元、欧某1的20万元、欧某2的10万元、陈某6的20万元、甘某某的20万元构成。2007年4月10日，应乌拉特前旗矿业秩序整顿规范工作领导小组的整改要求，秦安磁选厂全体合伙人同意在原秦安磁选厂的基础上成立新公司"乌拉特前旗秦安矿业有限责任公司"（以下简称"秦安公司"），将秦安磁选厂合伙人投入的资金转为公司内的股金，同时引进新资金，即由王某某以现金出资1396324元整。成立公司后，他们将秦安磁选厂的所有财产和资金转移到了新公司中。

2007年8月25日，王某某与上述原秦安磁选厂12名合伙人就设立秦安公司相关事宜进行谈判，并于次日召开董事会会议。随后在当晚召开的股东会上，众人讨论、修订了公司章程，并形成秦安公司第一次股东会议决议，内容为"公司股东共12人，股金270万元。按照本次会议通过的公司章程，选举王某某为董事长、李某1为副董事长、郑某某为监事、尤某某为经理"。

2007年9月6日，乌拉特前旗工商行政管理局下达企业名称预先核准通知书，预先核准上述13名投资人出资，企业名称为"乌拉特前旗秦安矿业有限责任公司"，预先核准的企业名称保留至2008年3月6日，保留期内，该公司不得用于生产经营，不得转让。2007年9月至2007年12月，秦安磁选厂实际生产经营73天，盈利68万余元。2007年9月、10月、11月三个月期间秦安磁选厂购买设备、建筑材料等物品、支付人员工资等支出花费总计金额23万余元。2007年12月10日，王某某以其余12名投资人不办理资产过户手续、出资未到位等为由，要求其退还投资款、分配秦安公司在名称预留登记期间的经营利润或赔偿上述投资款项的利息损失。①

————

① 详可参见（2012）陕民再字第00010号民事判决。

（二）法院裁决

1. 一审判决

一审法院结合秦安磁选厂的财务审计状况，做出判决如下：（1）由12名被告在本判决生效后15日内，退还王某某出资款1396324.00元；支付王某某在共同经营期间的盈利款、新增固定资产价值313245.97元，共计1709569.97元。（2）驳回王某某的其他诉讼请求。

2. 二审判决

宣判后，王某某不服，提出上诉。二审法院经审理后判决：（1）维持原审判决第（二）项，撤销第（一）项；（2）由12名被告于判决生效后7日内，退还王某某出资款1396324.00元；（3）由12名被告于判决生效后7日内补偿王某某上述款项自2007年8月31日起至2007年12月15日期间的利息。

宣判后，王某某申请再审，最高人民法院指令再审。再审法院认为，王某某作为发起人有权按照出资比例分配公司设立阶段从事经营行为所产生的盈利，遂做出再审判决如下：（1）维持二审判决第（二）项；（2）撤销二审判决第（一）、（三）项；（3）由12名被告在本判决生效后7日内支付王某某在共同经营期间的盈利款和部分库存商品的利润共计268546.09元；（4）驳回王某某的其他诉讼请求。

二、以案说法

本案的争议焦点有二：（1）王某某对其参与经营73天的利润及资产是否有权请求分配；（2）如果有权分配，经营期间产生的利润及资产有多少，如何给王某某进行分配。

（一）关于公司设立及发起人的责任

公司设立，是指发起人或者设立人依照法律规定的条件和程序，组建公司并使其取得法人资格的一系列法律行为的总和。这一过程既包括确定发起人、签订发起人协议、制定公司章程、筹集公司资本等基础性工作，也涉及确定公司的组织机构、办理公司注册登记等技术操作事项。公司设立的时间始于发起人签署发起协议之日，终于公司取得法人资格、注册登记成功或发起人对于未设立成功的公司进行清算时止。发起人在设立中作为公司代表，对外承担设立公司行为过程中产生的责任。公司设立成功的，设立中公司的责任由成立后的公司承担；如若设立失败，责任则由全体发起人连带承担，合伙人之间的责任将依据其约定或法律规定进行处理。简言之，公司设立是一项综合性工作，需要提前做好充分的准备，以确保公司的合法运作。

本案中，王某某与12名被告达成谈判纪要成立秦安公司并相继形成董事会、股东会等决议记录，王某某以现金出资，李某1等12人以其秦安磁选厂的合伙财产出资，共同选出公司的组织机构，并申请获得工商部门公司名称预先核准。此阶段的公司并未正式设立，双方在此阶段因出资产生纠纷而终止了公司设立行为。根据立法精神及民法的公平原则对公司设立阶段的盈利分配，应比照适用债务承担的规定，由发起人按照出资比例进行分配，因而王某有权参与分配秦安磁选厂名称预留登记期间内产生的经营利润。

（二）如何认定设立中公司的经营行为

在公司被核准登记之前，我们将未正式成立的公司称为"设立中公司"，此时的公司尚未取得法人资格，不具有公司法人权利能力和行为能力。回归本案，王某某是秦安公司的发起人而非秦安磁选厂的合伙人，那么王某某实际参与经营的73天中产生的盈利应当归属于秦安磁选厂还是设立中的秦安公司呢？首先，证据显示，秦安公司2007年8月25日至26日的董事会及股东会记录表明其已对秦安公司各股东的投资比例、机构设置、人员配置、管理人员的工资待遇、秦安磁选厂债务的处理以及办理秦安公司的工商登记事宜等作了约定，并选出了秦安公司董事会成员、监事、经理，确定了出纳和会计。且直至停产前，双方均严格按照上述约定执行。其次，秦安磁选厂的审计报告表明，在王某某出资前，秦安磁选厂账户上因无流动资产已处于亏损状态，在王某某注资139万余元后，秦安磁选厂经营才恢复盈利。可见，秦安磁选厂2007年9月至11月期间运营资金来源于王某某对秦安公司的出资款。秦安磁选厂实质是以设立中的秦安公司的身份从事生产经营行为，设立中的公司已然实际经营。如仅以《中华人民共和国公司登记管理条例》（已失效）第十九条"预先核准的公司名称保留期为6个月。预先核准的公司名称在保留期内，不得用于从事经营活动，不得转让"的规定否定王某某对该利润的分配请求权，未免使裁判流于表面、失之偏颇。

三、专家建议

一般而言，法律不允许设立中的公司从事生产经营活动，仅可从事设立公司所必要的行为。然而，现实生活情境是复杂多样的，为赚取更多利益，部分设立中公司已然以公司名义展开了实际的生产经营。对于此行为，可由工商部门进行处罚，但如因禁止性规定而否认设立中公司已经实际经营的事实，无论于公司或于发起人，都未免过于僵化。因此，对于设立中公司及其发起人，公司盈利固然重要，但为避免公司设立失败所带来的法律风险及成本，仍需密切关注公司设立前、设立中的相关法律规定，并积极配合公司注册登记手续的办理，在必要时采取诉讼、仲裁等法律手段维护自身的合法权益。同时，发起人可灵活运用发起人协议，如预先约定公司设立阶段的盈利分配、债务承担比例等内容以避免争议。

四、关联法条

《中华人民共和国公司法》①第四条；《最高人民法院关于适用〈中华人民共和国公司法〉若干问题的规定（三）》（2020年修正）第四条；《中华人民共和国公司登记管理条例（已失效）》第十九条；《企业名称登记管理规定》第一条。

---

① 若无特别注明，《中华人民共和国公司法》是指2023年修订版，下同。

愿望落空：公司设立失败，债权债务如何承担

当公司设立未能成功，发起人各自离去，由此产生的费用和损失清算，甚至纠纷，都是难以避免的。尽管公司法已简化了设立流程，但公司的成立仍需遵循一系列法律步骤，如制定章程、确认出资、租赁办公场地、提交设立申请等。而且，发起人在设立过程中会投入大量资金和时间进行沟通，一旦公司未能成功设立，各方都将面临一定的风险。在设立阶段，公司尚未获得独立的法人资格，那么当公司设立失败时，我们该如何评估其在设立过程中的行为呢？又该如何分配在此过程中产生的债权债务呢？

一、案例简介

（一）基本案情

淮某某、赵某某与李某某三人协商共同出资成立一家主营铸造材料的公司，在股东首次碰头会上，由淮某某执笔编写了《股东首次碰头会协议》（以下简称《协议》），并经三人签字。《协议》载明了公司成立前的准备事宜、各方出资份额、公司场地租金及员工工资等事宜。随后，三人按照股东首次碰头会的约定开始租赁、整修场地，购买生产设备，共投资 26 万余元，并由淮某某开始组织生产。后因淮某某与李某某产生矛盾，淮某某要求退伙并离开公司。赵某某在原有的场地、设备基础上，增添其他设施后

向当地工商行政管理局申请注册并成立了竞翔铸造材料有限公司，法定代表人为赵某某，公司类型为有限责任公司（自然人独资）。由此，原告淮某某向法院起诉要求赵某某、李某某返还出资款。诉讼期间，被告赵某某将公司经营所需覆膜砂、水洗砂、铲车等设备全部处理。①

（二）法院裁决

1. 一审判决

一审法院认可原、被告三人达成的《协议》的法律效力，认定其内容原意是设立公司，但在实际操作中并未根据相关法律法规的规定到公司登记机关办理公司名称预登记、开设公司账户、验资等手续，3 人实际是按照合伙关系执行《协议》的内容。在淮某某退伙后，赵某某独占合伙企业资产，遂判决：（1）解除原、被告签订的《协议》；（2）被告赵某某返还原告淮某某出资款人民币3 万元；（3）驳回原告其他诉讼请求。

2. 终审判决

被告赵某某不服原审判决，提起上诉。二审法院认定，3 人签订的《协议》系各方当事人的真实意思表示，《协议》内容亦不违反法律强制性规定，应属合理有效。《协议》目的为设立公司，现公司未能设立，该期间产生的债权债务应按个人合伙处理。赵某某应及时清理合伙期间的债权债务，然其在原有场地、设备基础上添加设备进而成立了一个自然人独资的有限责任公司。根据相关法律规定，二审法院对赵某某的上诉理由不予采信，原审判决并无不当，予以维持。

---

① 详可参见（2014）运中民终字第 992 号民事判决书。

二、以案说法

本案的争议焦点有二：（1）公司设立失败，该期间所产生的债权债务应如何处理；（2）淮某某的投资款是否应由赵某某承担返还责任。

（一）公司设立期间产生的债权债务如何处理

根据《中华人民共和国公司法》（以下简称《公司法》）及相关法律法规的规定，设立公司需到公司登记机关办理公司名称预登记、开设公司账户、进行验资并制定公司章程，公司营业执照签发日期即为公司成立日期。因此，设立中的公司尚不具有独立的法律人格。如果公司未能有效设立，而发起人又为公司成立而预先做了一定的准备，此时应将设立中公司视为全体发起人之间的合伙，其间所产生的债权债务也应按照合伙的相关规则进行法律评价。即公司未能设立的，该期间所产生的债权债务依法应按个人合伙连带责任处理。本案中，原、被告签署《协议》的目的是设立公司，现公司未能设立，该期间所产生的债权债务依法应按个人合伙处理。赵某某作为合伙财产管理人，不仅未及时清理合伙期间的债权债务，还在原有公司场地基础上新增设备，因此法院判令解除该《协议》，并返还淮某某部分出资款。

（二）公司设立失败后的责任承担

在公司的设立阶段，由于尚未取得独立的法律人格，设立中的公司在法律上被视为发起人之间的合伙关系。当公司成功成立后，设立过程中产生的所有债权债务将由新成立的公司来承担。这确保了公司从设立之初就能拥有清晰的财务状况和法律责任。然而，若公司未能成功设立，所有的发起人则需对外承担连带责任。这意味着，任何一个发起人都有可能被要求承担设立过程中产生的所有法律责任和经济损失。这种连带责任确保了即便公司设立失败，相关的权益和责任也能得到妥善的处理。本案中，赵某某将目标公司注册为一人有限责任公司，这一行为明显违反了《协议》的约定。由于这一违约行为，原合同的目的无法实现，导致该协议实际上已终止履行。此外，由于设立中的公司被视为发起人之间的合伙，相关的合伙资产应由所有发起人共同管理。然而，在本案中，这些资产却被赵某某独自占有。法院遂判决解除协议，并要求赵某某返还淮某某的部分出资款，被告李某某则不承担返还责任。这一判决不仅维护了合同的严肃性和公平性，也确保了发起人之间的权益和责任得到了合理的分配和承担。

三、专家建议

公司设立可谓是一个复杂而又重要的流程。《公司法》明确规定了公司设立的条件和程序，然而，在实际操作中，很容易出现各种各样的问题，导致设立失败。对于有限责任公司，发起人或投资人在公司设立失败时应承担相同的义务。因设立公司而产生的费用，应在投资人之间合理分担，扣除分担部分的费用后剩余投资款也应予返还。在公司设立过程中，为节约公司设立成本并防范公司设立失败带来的风险，发起人或投资人可以通过签订协议的方式明确约定需要共同享有的权利和责任的分担。因此，对于广大投资者而言，签订书面协议是非常重要的。只有通过书面协议，才能明确约定双方的权利和义务，以及如何分担费用。这样一来，就能够有效地预防在公司设立过程中可能出现的风险。

四、关联法条

《中华人民共和国公司法》第四十四条;《中华人民共和国民法典》第九百六十九条、第五百六十三条;《最高人民法院关于适用〈中华人民共和国公司法〉若干问题的规定（三）》（2020 年修正）第四条。

身份迷雾：谁是公司发起人

设立中的公司还没有独立的法人身份，所有的决策和执行工作都得依靠发起人来完成，这对公司是否能成功设立有着决定性的影响。要是公司没能成功设立，发起人不仅要一起对外承担责任，内部也得分摊责任。为了避免这种风险，发起人通常会提前签订发起人协议，将各自的责任都明确一下。不过，有时候事情没那么顺利，如若真的发生了纠纷，这时候弄清楚谁是发起人，还有他们各自的责任范围就变得特别重要了。

一、案例简介

（一）基本案情

2010 年 4 月 2 日，徐某某、罗某某、杨某 2、胡某某与杨某 1 5 人签订《共同投资组建"××电玩城有限公司"合同书》，拟投资 300 万元设立有限责任公司，主营业务为健身、网络、游戏，法定代表人为杨某 1。后经 5 位发起人同意，新增曹某某、张某某为投资人，张某某、杨某 2 通过银行分别向杨某 1 转账 20 万元、15 万元；胡某某以 45 万元房屋转租费作为投资资金，曹某某以装修费中 10 万元作为投资。在公司设立过程中，杨某 1 及胡某某与案外人×× 签订《少年宫商品房出租合同书》，约定将某商品房 1 楼半间及整个 2 楼全部租给胡某某及杨某 1 开办"××电玩城有限公司"，徐某某参与设立公司相关证照的办理。后因公司设立失败，各方协商一致，同意解除《共同投资组建"××电玩城有限公司"合同书》。然而结算时因投资和支出发生争议，双方始终无法达成一致意见。徐某某、罗某某、杨某2、胡某某、曹某某及张某某6人将杨某1诉至法院，要求其返还出资款并支付公司设立失败的违约金。[①]

（二）法院裁决

1. 一审判决

就杨某1为设立公司所实施的租房行为、办理相关证照等行为，一审法院认为均有胡某某及徐某某等发起人的参与，应属双方在签订《共同投资组建"××电玩城有限公司"合同书》后共同实施的一系列设立公司的行为，双方之间是共同投资设立公司的关系，双方应共同承担风险，不得随意抽回投资。遂做出如下判决：（1）解除原告6人与杨某1签订《共同投资组建"××电玩城有限公司"合同书》；（2）驳回原告的其他诉讼请求。

2. 终审判决

二审法院从合同履约情况入手，认为如要支持原告诉请，需对各方设立公司的实际投入和支出进行清算和审计，从而进一步确定是否应返还徐某某等6人的投资款。然而原告6人未同意审计，应承担举证不能的后果。此外，就其各方签订《共同投资组建"××电玩城有限公司"合同书》内容来看，对徐某某等人投资比例以及公司设立不成如何返还投资均未作约定。综上，二审法院判决驳回上诉、维持原判。

---

① 详可参见（2015）成民终字第2247号民事判决书。

二、以案说法

本案争议焦点在于杨某1是否应返还徐某某等6人为设立"××电玩城有限公司"的出资款及违约金。

公司的设立是一个耗时且复杂的过程，从初步筹备到最终成立，往往需要经历数月的时间。在这一过程中，发起人作为一个团体，依据内部协议，会指定一名或数名代表对外执行设立任务，并承担相应的设立义务。被指定的代表在某种意义上构成了设立中公司的临时代表和执行机关。当公司成功设立后，发起人的团体身份自动解散，而设立期间产生的所有债权债务关系均由新成立的公司承担。然而，若公司设立失败，发起人团体则需共同承担设立过程中的财务清算责任，包括债权债务的清算与分担。只有完成清算并明确责任后，这个团体身份才算真正结束。因此，在公司设立失败的情况下，根据"风险共担、利润共享"的原则，设立过程中产生的所有费用应由所有发起人共同承担。根据《最高人民法院关于适用〈中华人民共和国公司法〉若干问题的规定（三）》（2020年修正）的相关规定，公司的发起人是指那些签署公司章程、认购公司出资或股份并实际参与公司设立活动的人。在本案中，原、被告双方已签订《共同投资组建"××电玩城有限公司"合同书》，并共同开展了设立公司的行动，因此双方构成了共同投资设立公司的关系。杨某1作为签署合同并履行设立职责的一方，无疑是公司的发起人之一。这意味着，在公司设立失败的情况下，杨某1应当与其他发起人一起，连带承担由此产生的法律风险。至于原告方不同意进行财务清算和审计的情况，这确实增加了确认各方出资义务履行情况的难度。由于缺乏明确的财务数据和审计结果，难以断定杨某1是否存在违约行为。但无

论如何，对于所有发起人来说，共同承担设立失败的风险和损失
是不可避免的。因此，为确保权益和责任得到公平分配，发起人
之间应积极推动财务清算和审计工作的进行。

三、专家建议

首先，在公司设立阶段，各发起人之间的关系实质上属于合
伙关系，发起人基于之间的合伙关系应当就公司设立失败承担连
带责任，而非由某一发起人独立承担全部责任。因此，鉴于发起
人需承担的各种责任，为规范公司运行，在公司设立之始，建议
各发起人签订发起人协议，用以规范发起人之间的权利义务，进
而规避设立中的种种风险。其次，如公司设立失败，为最大化避
免损失，发起人应主动对设立公司实际的投入和支出进行清算、
审计，根据审计结果公平分担责任。

四、关联法条

《中华人民共和国公司法》第四十四条;《中华人民共和国民
法典》第五百六十二条、第九百七十条;《最高人民法院关于适用
〈中华人民共和国公司法〉若干问题的规定（三）》（2020 年修正）
第一条。

设立门槛：谁都能当公司发起人吗

　　导致公司设立失败的原因有很多，而发起人在这个过程中扮演着关键的角色。他们不仅代表设立中的公司进行各种民事活动，还要对公司设立失败承担一定的责任。一般来说，公司的发起人就是在公司成立之前，积极推动公司成立的那些人。但是，法律上对于发起人的要求其实挺严格的，不是所有想推动公司成立的人都能被认定为发起人。那么，如果一个人没有被法律认定为发起人，但他确实参与了公司的设立过程，那他在公司设立失败时应该承担怎样的责任呢？

一、案例简介

（一）基本案情

　　2009 年 9 月 19 日，吉玛公司（甲方）与施某（乙方）签订了一份《股份合作协议》（以下简称《协议》），《协议》约定，由双方共同出资在中国境内注册有限责任公司，公司名称为 ArtizPhotography（艺匠摄影），公司注册资金为人民币 100 万元，甲、乙双方均以货币出资方式各出资 50 万元，分别占公司注册资金的 50%。《协议》另约定，由施某根据合同约定事项制作《公司章程》，经吉玛公司审阅后由双方签字。双方出资到位后，由施某聘请有资质的机构进行验资，获取《验资报告》，验资费用双方均摊。《公司章程》《资产评估报告》《验资报告》出具后 5 日内，由乙方编制公司注册申请表，到工商机关办理公司注册登记，领取法人营业执照。《协议》又约定，由吉玛公司协助公司与某房屋所有权人签订房屋租赁合同，租赁费及管理费由公司承担。同日，吉玛公司与施某另签订了一份《补充协议》，该《补充协议》载明："甲方（即吉玛公司）出资的50万元实际是以某房屋的租赁使用权、现有设备、装饰、用具、服装折价50万元作为出资。自股份协议书及本补充协议签订之日起某房屋的租赁使用权、现有设备、装饰、用具、服装。所有权属于ArtizPhotography（艺匠摄影）所有。"次年，吉玛公司、施某又签订了一份《补充协议》，约定签约双方原定2009年10月31日前共同注册公司事宜，由于双方工作耽搁，现定2010年2月22日前完成。吉玛公司、施某签署上述《协议》后，未进一步明确设立新公司ArtizPhotography（艺匠摄影）的注册地址，亦未依约进行相关的资产评估、验资等手续，签约双方未能就设立新公司的相关事宜达成共识，最终亦未签署ArtizPhotography（艺匠摄影）的《公司章程》。嗣后，吉玛公司以施某不履行设立新公司的工商登记手续为由，向法院提起诉讼。[①]

（二）法院裁决

1. 一审判决

一审法院认定，吉玛公司在无视系争《股份合作协议》项下是否具备企业工商注册登记前置条件的情况下，仅以施某不予办理工商登记手续为由要求施某返还其投资款50万元的诉讼请求，缺乏事实依据，遂判决：（1）解除2009年9月19日吉玛公司、施某签订的《股份合作协议书》；（2）不予支持吉玛公司的其他诉讼

---

① 详可参见（2012）沪二中民四（商）终字第508号民事判决书。

请求。

2. 终审判决

二审法院就吉玛公司交付租赁场地、办理房屋转租合同的行为认可，认定吉玛公司交付出资的概然性大于施某所主张的吉玛公司未交付出资的概然性。同时，二审法院提出，如吉玛公司确未履行系争《协议》约定的出资义务，施某从未提出异议或催告的做法显然不符常理。遂做出如下判决：（1）维持原审判决第（一）项；（2）撤销原审判决第（二）项；（3）施某于本判决生效之日起 10 日内向吉玛公司返还出资折价款 50 万元及相应利息损失。

二、以案说法

本案争议焦点在于施某是否应当返还吉玛公司出资折价款 50 万元。

根据《中华人民共和国公司法》的相关规定，发起人必须具备 3 个法律特征：签署公司章程、向公司认购出资或股份以及履行公司设立职责。然而，在本案中，吉玛公司与施某虽然签订了《股份合作协议书》，但并未共同签署艺匠摄影公司的章程。这意味着，无论是吉玛公司还是施某，都不符合发起人的法定条件，因此他们并不是法律意义上的发起人。既然双方已经同意合作成立艺匠摄影公司，那么本案的关键在于判断吉玛公司和施某在公司设立失败中谁存在过错，以及过错方应承担何种违约责任。这将直接决定吉玛公司要求返还 50 万元出资折价款的诉讼请求是否应得到支持。关于违约责任，法律规定，如果一方迟延履行债务或存在其他违约行为导致合同目的无法实现，另一方有权解除合同。合同解除后，对于尚未履行的部分，终止履行；对于已经履行的部分，当事人可以要求恢复原状、采取其他补救措施，并有权要求赔偿损失。在本案中，吉玛公司出资的目的是设立艺匠摄影公司，因此，其出资财物的所有权本应属于艺匠摄影公司。然而，由于公司设立失败，这些财物的控制和使用人应当承担返还责任。因此，施某应当退还给吉玛公司 50 万元的出资折价款。

综上所述，施某应当返还给吉玛公司 50 万元的出资折价款。这样的处理既符合法律规定，也体现了合同解除后的责任承担原则。

三、专家建议

明确发起人身份是承担公司设立失败责任的首要条件。如具备发起人身份，在公司因故未成立时发起人应当按约定比例分担责任或按照合伙承担连带责任；如不具备发起人身份，则应按照过错对公司设立失败承担违约责任。因此，为规避公司设立失败风险，发起人首先要遵守诚实信用原则，按约履行义务，积极配合公司注册手续的办理，即便产生分歧，也应积极沟通，寻求妥善解决的方法。同时，发起人可灵活运用发起人协议，如预先约定公司设立阶段的盈利分配、债务承担比例等内容以避免争议。

四、关联法条

《中华人民共和国民法典》第五百六十三条;《最高人民法院关于适用〈中华人民共和国公司法〉若干问题的规定（三）》（2020 年修正）第一条;《中华人民共和国公司法》第九十三条。

设立瑕疵：公司设立时的陷阱

设立中的公司就像是还在孕育中的"胎儿"，考察设立中公司是否已具备"出生条件"，我们通常只需要查看是否完成了登记手续，就可以确定公司是否已经成功设立。然而，现实情况总比想象中更为复杂。有时，发起人之间可能会出现合作上的矛盾，或者登记过程中可能会出现错误，使判断公司是否已经设立变得困难。

一、案例简介

（一）基本案情

2001年9月26日，地电公司、前石畔公司及华秦公司作为发起人在西安签订了《扩建协议书》，决定设立"陕西府谷第二发电有限责任公司"。同日，三方当事人签订《陕西府谷第二发电有限责任公司章程》，确定了三方在协议中约定的注册资本及股权比例，并明确规定，截至2001年10月，地电公司到位资金208.8万元，前石畔公司到位资金1218万元，华秦公司到位资金313.2万元。2001年9月28日，三方召开了"陕西府谷第二发电有限责任公司"第一次股东会，确定该公司的董事会由五人组成，公司确定注册资金为5800万元，其中，地电公司投资696万元，占股12%；前石畔公司投资4060万元，占股70%；华秦公司投资1044万元，占股18%。

2003年12月25日，陕西府谷第二发电有限责任公司向地电公司出具股本金收据，金额为300万元。同日，陕西府谷第二发电有限责任公司向陕西省农电管理局出具300万元的收据。2003年3月28日，陕西省发展和改革委员会发文停止了陕西府谷第二发电有限责任公司火电工程的建设。

2004年1月7日，陕西府谷第二发电有限责任公司召开沙川沟电厂股东会，并形成决议：1.三方股东认为启动二期工程对投资方和地方经济非常有利，愿意尽快启动；2.由于政策限制，华秦公司、陕西省农电管理局不能再继续投入资金启动二期项目，按《中华人民共和国公司法》有关规定重新找股东，继续与前石畔方合作；3.二期启动的有关事宜由找到的新股东和前石畔方协商确定。但前石畔公司在收取地电公司及华秦公司的投资后，并未返还地电公司及华秦公司相应的投资款。地电公司遂起诉前石畔公司要求返还投资款。①

（二）法院裁决

1.一审判决

一审法院经查明，发现本案三方股东向府谷县工商局提出注册陕西府谷第二发电有限责任公司的登记申请后，至今未取得营业执照，因此认定陕西府谷第二发电有限责任公司并未成立。遂判决：（1）解除本案三方当事人于2001年9月26日签订的《扩建协议书》；（2）判决生效后十日内，由前石畔公司返还地电公司投资款300万元；（3）驳回地电公司的其他诉讼请求。

2.二审判决

二审法院查明，陕西府谷第二发电有限责任公司已于2001年

---

① 详可参见（2019）最高法民再186号民事裁定书。

10月8日取得营业执照、税务登记证，但工商登记信息显示公司名称为"陕西省府谷县第二发电有限责任公司"，出资人信息为孙某某，均与《扩建协议书》约定的公司情况不符，故认定陕西府谷第二发电有限责任公司未成立，一审认定并无不当。于是判决驳回上诉、维持原判。

3. 终审判决

二审判决生效后，前石畔公司向最高人民法院申请再审。最高人民法院从形式和实质两方面对陕西府谷第二发电有限责任公司是否成立予以认定，再审查明的新证据使最高人民法院最终认为三方约定的公司在实质上已然成立。最终裁定撤销原一审、二审判决，发回重审。

二、以案说法

本案争议焦点有二：（1）陕西府谷第二发电有限责任公司是否已经成立；（2）前石畔公司是否应当向地电公司返还投资款300万元。

在公司法的框架下，一个公司的成功设立并不是一蹴而就的，它需要经过一系列的法定程序和标准来确保公司的合法性和规范性。其中，取得公司登记机关颁发的公司营业执照是标志着一个公司正式成立的法定依据。这一制度设计的初衷在于，通过工商登记这一公示手段，赋予登记事项以公信力，从而保护那些与公司进行交易的善意第三人。换句话说，工商登记不仅是公司设立成功的对外表现，更是法律对公司内部事务的一种认可和确认。然而，值得注意的是，工商登记虽然具有一定的公信力，但它并非绝对真实。在现实生活中，由于各种原因，工商登记中可能会存在错误，或者工商登记信息与营业执照上的内容不一致。这种情况下，如果仅仅依赖工商登记来判断一个公司是否已经成立，显然是不够准确的。因此，在涉及公司是否成立的问题时，我们需要进行综合的、实质的审查。这包括但不限于审查公司的实际经营内容、目的、成果等是否与当事人之间的约定相符。如果经过实质审查后，发现公司虽然在工商登记上存在一些瑕疵，但其实际经营的内容、目的和成果都符合当事人之间的约定，那么我们可以认为该公司实质上已经成立。以本案为例，陕西府谷第二发电有限责任公司在工商登记上可能存在一些问题，但该公司所经营从事的内容完全符合《扩建协议书》中的约定。无论是工作内容、目的还是成果，都是为了案涉项目的利益。因此，尽管该公司在名称或工商登记信息上可能存在一些瑕疵，但实质上它仍然是三方当事人约定成立的公司。这意味着，无论工商登记信息如何，都不应影响对陕西府谷第二发电有限责任公司已经成立的认定。

综上所述，公司是否成立并不仅仅取决于工商登记这一单一因素，更需要结合实际情况进行综合、实质的审查。只有这样，我们才能更准确地判断一个公司是否已经成立，并保护各方当事人的合法权益。

三、专家建议

在纷繁复杂的商业环境中，争议的产生是难以避免的。然而，处理这些争议时，我们应坚守还原事实真相的原则，并始终坚持实质内容的重要性远超于形式。为了有效解决争议，我们需要进行深入的剖析，而非仅仅停留在表面。尤其是在公司设立过程中，发起人应当极为细致地约定与"设立中公司"相关的所有信息，确保对"公司设立必要行为"有明确的界定，以便在出现问题时能够准确地划分责任。除了确保工商登记信息与营业执照或工商档案内容的一致性外，发起人还需特别关注公司实际经营的内容是否紧密关联于既定项目。通过细致入微的约定和审查，以及有效的沟通和合作，我们可以大大降低公司设立过程中的风险，确保项目的顺利进行。

四、关联法条

《中华人民共和国公司法》第二十九条、第三十二条、第三十三条、第三十四条。

第二章 公司终止纠纷

股东矛盾引起公司僵局，能否起诉要求解散公司

市场经济环境下，成立公司已成为大部分人经营生意的起点，但公司有"出生"也就有"死亡"，而解散公司作为公司终止的前置程序该如何启动？尤其在股东产生严重矛盾，已无法正常召开股东会并做出解散决议的情况下，股东该如何退出公司？能否向法院提起诉讼，要求裁判解散公司？

一、案例简介

（一）基本案情

甲公司设立于 2002 年，股东林某、戴某分别持股 50%。戴某任公司法定代表人及执行董事，林某任公司总经理兼公司监事。甲公司章程规定：股东会会议由股东按照出资比例行使表决权。股东会每年召开四次定期会议。2006 年起，林某与戴某两股东之间的矛盾逐渐显现，双方发生争执甚至大打出手。同年 5 月 9 日，林某提议并通知召开股东会，由于戴某认为林某没有召集会议的权利，会议未能召开。同年 6 月、8 月、9 月、10 月，林某委托律师向甲公司和戴某发函称，因股东权益受到严重侵害，林某作为

享有公司股东会 50% 表决权的股东，已按公司章程规定的程序表决并通过了解散甲公司的决议，要求戴某提供甲公司的财务账册等资料，并对甲公司进行清算。戴某多次回函称，林某作出的股东会决议没有合法依据，戴某不同意解散公司，并要求林某交出公司财务资料。同年 11 月 15 日、25 日，林某再次向甲公司和戴某发函，要求甲公司和戴某提供公司财务账册等供其查阅、分配公司收入、解散公司。

2006 年 11 月底，林某向法院提起诉讼，要求解散甲公司。

（二）法院裁决

1. 一审判决

一审法院认为，本案中，虽然两股东陷入僵局，但公司目前经营状况良好，不存在经营管理发生严重困难的情形。如果仅仅因为股东之间存在矛盾而导致公司从业人员失去工作、几百名经营户无法继续经营，既不符合《中华人民共和国公司法》（以下简称《公司法》）第一百八十三条[①]的立法本意，也不利于维护任何一方股东的权益。股东之间的僵局可以通过多种途径来破解。《公司法》在维护股东权利方面制定了明确而具体的规定，若林某认为其股东权利受损，可依法进行救济。此外，林某可以要求戴某或公司收购林某股权，通过以合理的价格转让股权，既能打破僵局救济股东权利，又能保持公司的存续。同时，公司所在商城管委会作为管理部门，其出面协调两股东的矛盾，也是林某救济股东权利的有效途径之一。综上，林某关于解散公司的请求依据不足，不予支持，一审法院判决驳回林某的诉讼请求。

[①] 该判决形成于 2009 年，当时法院裁判引用的条款为 2005 年修订的《公司法》，后因《公司法》几经修订，该条款目前规定在现行有效的《公司法（2023 年修订）》第二百三十一条，下同。

2. 二审判决

二审法院认为，甲公司已经符合《公司法》第一百八十三条规定的司法解散的条件（公司经营管理发生严重困难，继续存续会使股东利益受到重大损失，通过其他途径不能解决的，持有公司全部股东表决权 10% 以上的股东，可以请求人民法院解散公司），因此法院判决解散甲公司。

二、以案说法

本案的争议焦点为林某、戴某之间的股东矛盾引起的公司僵局是否符合《公司法》解散的条件。

（一）公司的经营管理已发生严重困难

公司的正常经营管理建立在其权力机构（股东会）、执行机构（董事会或执行董事）及监督机构（监事会或监事）有效运行的基础上，判断一个公司的经营管理是否出现严重困难，应从上述组织机构的运行现状入手，加以综合分析。具体到本案中，在权力机构层面，甲公司已持续 4 年未召开股东会，亦未形成有效的股东会决议，股东会机制已经失灵。执行机构层面，公司执行董事戴某正是互有矛盾的两名股东之一，在此情况下，甲公司的执行机构即执行董事戴某管理公司的行为，已不再依据股东会的决议，无法贯彻权力机构的意志，相反，体现的正是对立股东中一方的个人意志。监督机构层面，林某作为公司监事提出的查询财务资料等要求一再遭到拒绝，可见，由于双方股东之间的矛盾，甲公司的监督机构实际上已无法发挥监督的作用。

根据《公司法》第一百八十三条以及《最高人民法院关于适用〈中华人民共和国公司法〉若干问题的规定（二）》（2014 年修正）第一条的相关规定，"公司经营管理发生严重困难"主要是指管理方面存有严重内部障碍，如股东会机制失灵、无法就公司的经营管理进行决策等，不应理解为资金缺乏、亏损严重等经营性困难。本案中，在甲公司的内部机制已无法正常运行、无法对公司的经营作出决策的情况下，即使尚未处于亏损状况也不能改变该公司的经营管理已陷入困境的局面。因此，甲公司与戴某以公司仍在盈利为由，认为甲公司的经营管理尚未发生严重困难的观点，二审法院并不采纳。即，哪怕公司仍在盈利，仍然可能发生公司僵局，仍属于经营管理发生严重困难的情形。

（二）甲公司继续存续会使股东林某的利益受到重大损失

本案中，甲公司的内部运作机制早已失灵。林某虽为持有甲公司 50% 股份的股东及监事，但其股东权、监事权长期处于被剥夺的状态。由于甲公司长期不召开股东会，林某并不能通过行使表决权来参与公司决策，亦不能有效地行使监督权。林某投资设立甲公司的目的无法实现，合法权益遭到损害，如果这样的局面继续存续，林某的合法权益将进一步遭受重大损失。

（三）甲公司的僵局通过其他途径长期无法解决

林某在提起公司解散诉讼之前，已通过其他途径试图化解与戴某之间的矛盾，如聘请中间人进行调和、要求查阅财务账册等，双方的沟通还涉及甲公司内部制度的修改、重新选举执行董事与监事、收购股权等。进入诉讼程序之后，当地管委会作为管理部门曾组织各方当事人调解，但双方股东仍未能达成一致意见。即，甲公司的股东林某已穷尽了其他救济途径，仍无法打破公司僵局，符合通过司法程序解散公司的条件。

（四）林某持股比例超过 10%

2023 年修订的《公司法》第二百三十一条明确规定，提起公司解散诉讼的股东须持有公司全部股东表决权 10% 以上，本案中林某持股 50%，已达到法律明确规定的持股比例要求。

综上，日常生活中，如公司的股东会、董事会、监事会均无法正常运行，即使公司仍在盈利，仍然属于法律规定的"经营管理已发生严重困难"，也就意味着公司僵局的出现，在此情况下，如冲突各方无法协商谅解、任何一方也都不愿意退出公司，那么请求法院判决解散公司就是打破僵局的最后一个解决办法。

三、专家建议

作为股东而言，投资设立公司的最终目的是获得收益。股东通过参与公司决策、行使股东权利来争取利益的最大化、保证收益的及时获取。公司的经营管理如果出现严重困难，则有可能影响公司的正常运转以及股东权利实现通道的畅通，进而对股东的利益构成严重损害。而公司僵局比较容易发生在两方股东表决权对等（如 50% 对 50%）的公司，建议股东在公司设立之初，尽量避免持股比例对等的股权结构。在公司僵局出现后，首先应尝试多种途径化解矛盾，如最终只能通过起诉要求解散公司的，应当注意：第一，"持有公司全部股东表决权 10% 以上的股东"并非仅指单一股东，在计算上，可以是股东单独持有，也可以是股东合计持有，此为小股东利益保护的制度设计初衷；第二，起诉解散公司的被告为公司，而不是其他股东；第三，为预防公司财产或相关证据的隐匿、流转或转移，股东在提起解散诉讼时，可以向法院申请财产保全或者证据保全。当然，避免公司僵局最重要的也许是合作伙伴的审慎选择。

四、关联法条

《中华人民共和国公司法》第二百三十一条；《最高人民法院关于适用〈中华人民共和国公司法〉若干问题的规定（二）》（2014 年修正）第一条。

公司未经清算办理注销登记，债权人权利如何得到保护

公司清算，是指公司解散事由发生或被宣告破产后，依照一定程序终结公司一切法律关系，处理债权债务并分配公司剩余财产，使公司法人资格最终归于消灭的程序。公司清算的目的在于平衡股东利益、保障公司债权人利益，使得公司有序退出市场。现实生活中部分公司为了逃避债务，在未经清算的情况下通过提交虚假清算报告完成注销登记，甚至人去楼空，一走了之。遇到这种情况的公司债权人合法权利该如何得到保护？

一、案例简介

（一）基本案情

2010年，陈甲和陈乙经工商行政管理部门登记成立了重友公司，公司注册资本为151万元，陈甲、陈乙各出资75.5万元，陈甲系公司法定代表人。2015年，重友公司向夏某借款200万元并出具了借据，借据上载明用途为周转金、月息14‰，重友公司加盖了公章，股东陈甲也在借据借款人后签名。2016年1月29日，重友公司向工商行政管理部门提出公司注销登记申请，同年8月19日，经市场监督管理局登记，注销了重友公司。在重友公司向工商行政管理部门提交的注销申请清算报告中，公司库存资产、收回债权、清偿情况、剩余净资产，股东陈甲、陈乙对公司剩余

资产分配均为"0"。

2017 年 2 月，夏某起诉至法院要求公司股东陈甲、陈乙向其赔偿重友公司的借款 200 万元并支付利息。

（二）法院裁决

法院判决公司股东陈甲、陈乙在判决生效后 30 日内赔偿原告夏某因重友公司向其借款造成的经济损失 200 万元，并以 200 万元为本金按月息 14‰的利率给付利息。

二、以案说法

本案的争议焦点为陈甲、陈乙是否因其清算行为侵害了夏某的合法债权并需赔偿相应损失。

（一）清算组义务与职权

公司的清算组是指公司出现清算的原因后，在公司清算期间依法成立的对内执行清算事务，对外代表公司处理债权债务的法定机关。根据《中华人民共和国公司法》（以下简称《公司法》）的规定，清算组应当自成立之日起 10 日内通知债权人，并于 60 日内在报纸上或者国家企业信用信息公示系统公告。清算组在清算期间行使下列职权：（1）清理公司财产，分别编制资产负债表和财产清单；（2）通知、公告债权人；（3）处理与清算有关的公司未了结的业务；（4）清缴所欠税款以及清算过程中产生的税款；（5）清理债权、债务；（6）分配公司清偿债务后的剩余财产；（7）代表公司参与民事诉讼活动。

根据《最高人民法院关于适用〈中华人民共和国公司法〉若干问题的规定（二）》（2014 年修正）第十一条规定，公司清算时，清算组应依法将公司解散清算事宜书面通知全体一致债权人并根据公司规模和营业地域范围在全国或者公司注册登记地省级有影响的报纸上进行公告。本案中，陈甲、陈乙作为重友公司清算组成员，在陈甲明知重友公司对夏某负债的情况下，未能书面通知夏某申报债权，亦未在省级有影响的报纸上进行公告，仅在重友公司注册地的市县级报纸上进行公告，违反了上述法律规定。《最高人民法院关于适用〈中华人民共和国公司法〉若干问题的规定（二）》（2014年修正）第十九条规定，公司股东未依法清算，以虚假的清算报告骗取公司登记机关办理法人注销登记，债权人主张其对公司债务承担相应赔偿责任的，依法应予支持。陈甲、陈乙在申请对重友公司进行注销时，作为清算组成员向公司登记机关提交了两人签字确认的清算报告，向公司登记机关明确重友公司的债权债务已清理完毕。而陈甲作为公司股东及清算组成员，明知夏某的该笔债权此时尚未进行清算，应当认定清算组实施了以虚假清算报告骗取公司登记机关办理法人注销登记的行为，且陈甲、陈乙主观上存在过错。故，陈甲、陈乙上述不当清算行为导致夏某对重友公司享有的债权无法实现，依法应当对夏某的相关损失承担赔偿责任。

（二）赔偿责任及范围

根据《公司法》第二百三十八条的规定，清算组成员因故意或者重大过失给债权人造成损失的，应当承担赔偿责任。清算赔偿责任属于侵权责任，需要考虑债权人损失与股东未依法进行清算行为之间的因果关系。本案中，结合前述分析，陈甲、陈乙显然存在故意的情节，同时二人陈述公司不存在账册，未能举证证明公司依法清算时应当剩余的财产数额，其提供的清算报告因存在虚假情形亦不能准确认定该剩余财产数额，故陈甲、陈乙应当对夏某尚未得到清偿的全部债权承担赔偿责任。即，清算义务人未依法进行清算须对债权人承担的赔偿责任，应当以依法清算下债权人应得金额为限。而依法清算下债权人应得金额，根据诚实信用原则和清算义务人对公司情况知情的优势地位，应由清算义务人承担举证责任。清算义务人不能证明依法清算情形下公司真实的剩余财产数额的，应当承担不利后果。

（三）挂名股东不能免责

本案中，陈乙抗辩其是公司挂名股东，仅是按照陈甲要求在相关文字上签字，并未实际参与经营、清算，故不应承担赔偿责任，但法院审理认为，陈乙作为重友公司股东，多次在股东会决议上签名，亦作为清算组负责人在相关文件上签名，实际参与决定重友公司重大事项，其主张仅是公司名义股东无事实依据。退一步讲，即便陈乙仅系公司名义股东，亦不能免除其赔偿责任。因为，经公司登记机关登记的股东属于法律意义上的公司股东，其是对外承担股东责任的直接主体，代持股关系属于代持股人与被代持股人之间的合同关系，不能以此对抗债权人。公司工商登记的记载具有对外公示效力，第三人对公司登记信息的信赖利益应当受到保护，故债权人有权诉请登记于公司登记机关的股东承担清算赔偿责任。

三、专家建议

作为公司债权人，应积极行使债权，如获悉公司清算信息的，应当自接到通知之日起30日内，未接到通知的自公告之日起45日内，向清算组申报其债权。债权人申报债权，应当说明债权的有关事项，并提供证明材料。清算组应当对债权进行登记。如发现公司未经清算即办理注销登记的，可以要求清算义务人对公司债务承担相应的赔偿责任。在提起诉讼之前，建议可到公司注册地址所在地市场监督管理局调取公司内档，获取公司注销登记时提交的相关文件，进一步查明清算程序相关事项及背景信息，为后续诉讼做好相关准备工作。

对于隐名投资与名义持股的股权确认问题，一直存在较大争议。司法实践中，处理公司内部股东资格确认纠纷时，通常以实际出资、出资证明文件、股东名册、股东会会议记录等文件作为确认股权的依据；处理与公司之外第三人相关纠纷时，往往以股权登记情况，也就是工商登记情况来认定股东。因此，对于代替他人持股的事情，应当综合考虑各方风险，尤其是权衡股东对公司及公司债权人可能承担的各项法律责任，建议慎之又慎。

四、关联法条

《中华人民共和国公司法》第二百三十二条、第二百三十四条、第二百三十八条；《最高人民法院关于适用〈中华人民共和国公司法〉若干问题的规定（二）》（2014年修正）第十一条、第十九条。

员工工伤未获赔偿，公司已注销登记，怎么办

公司注销是公司终止的最后一步，只有办理了公司注销登记，公司法人资格才得以终止。那么，曾在工作岗位上受了工伤，尚未获得赔偿的劳动者，面对已经被注销的公司该找谁索要赔偿？

一、案例简介

（一）基本案情

顾某系原通州某门窗公司员工。2008 年 10 月 2 日，顾某上班时右手被氢氟酸烧伤，后被认定工伤、九级伤残。事发后，公司仅支付顾某部分医疗费用，其余工伤保险待遇均未支付，公司未依法为顾某办理社会保险。该门窗公司系自然人独资有限公司，股东为王某。2010 年 7 月，该门窗公司办理了工商注销登记。王某作为清算组负责人在向工商部门出具的公司注销登记申请书上注明债权债务已清理完毕。同年，顾某向劳动仲裁委员会申请仲裁，要求公司支付工伤待遇，仲裁委查明某门窗公司已核准注销，裁定撤销案件。顾某诉至法院。

（二）法院裁决

法院认为，顾某在公司存续期间已被认定为因工负伤，公司应按照《工伤保险条例》（2010 修订）的规定支付其工伤待遇。公司清算时，清算组应当按照 2018 年修订的《中华人民共和国公司

法》（以下简称《公司法》）第一百八十六条^①的规定，将公司解散清算事宜书面通知全体已知债权人，并根据公司规模和营业地域范围在全国或者公司注册登记地省级有影响的报纸上进行公告。但该公司注销时未做清算，进行了虚假承诺，更未书面通知债权人顾某，属于程序上违法。2018年修订的《公司法》第一百九十条第三款规定，清算组成员因故意或者重大过失给公司或者债权人造成损失的，应当承担赔偿责任，故公司清算组成员王某（唯一股东）应对顾某承担工伤赔偿责任。

二、以案说法

本案的争议焦点为王某是否应对顾某承担赔偿责任。

（一）顾某因工伤事宜对公司享有合法债权

法定的公司清算程序是债权人利益的保障，公司清算中一项极为重要的程序即为梳理公司的债权债务，需要清偿公司债务后方可对股东分配财产。本案中，顾某的工伤已经认定，根据《工伤保险条例（2010修订）》第六十二条的规定，应当参加工伤保险而未参加工伤保险的用人单位职工发生工伤的，由该用人单位按照条例规定的工伤保险待遇项目和标准支付费用。即，公司应当向顾某支付工伤保险待遇，顾某对公司享有合法债权，该笔债权应当得到法律保护。

（二）清算组成员赔偿责任

根据2023年修订的《公司法》第二百三十八条的规定，清算组成员负有忠实勤勉义务，即清算组成员应诚信对待清算工作、认真负责、恪守公正，应当毫无保留为公司、债权人等的利益努

---

① 该判决形成后《公司法》已经修订，该条款目前规定在现行有效的《公司法（2023修订）》第二百三十五条。

力工作，不得利用职权牟取不正当利益，当自身利益与清算组整体利益发生冲突时，以公司、债权人等利益为先。如果清算组成员因故意或者重大过失给债权人造成损失的，应当承担赔偿责任。本案中，公司股东王某明知顾某作为债权人，公司应向其支付工伤待遇，但未履行清算组义务通知顾某，应当向其承担赔偿责任。

（三）简易注销程序

如公司在解散后确实不存在任何未了结债务，注销时可选择简易注销程序，该程序自 2017 年 3 月 1 日《企业简易注销登记改革的指导意见》生效后，在全国范围内开始推行。简易注销程序的相关规定，集中体现在《中华人民共和国市场主体登记管理条例》中，2023 年修订后的《公司法》也将简易注销的内容直接规定在第二百四十条中。

简易注销是依照公司意愿启动的程序。申请办理简易注销登记，应当提交申请书和全体股东承诺书。适用简易注销的前提条件为公司在存续期间未产生债务，或者已清偿全部债务，并经全体股东对此进行承诺。通过简易程序注销公司登记，应当通过国家企业信用信息公示系统予以公告，公告期限不少于 20 日。公告期限届满后，未有异议的，公司可以在 20 日内向公司登记机关申请注销公司登记。最后，在简易注销程序中，公司登记机关拥有实质审查职权但不具有实质审查义务，如果发现公司存在隐瞒真实情况、弄虚作假的情形，登记机关可以撤销注销登记，在恢复公司主体资格的同时将该公司列入严重违法失信企业名单，并通过国家企业信用信息公示系统公示。股东承诺不实的，应当对注销登记前的债务承担连带责任。

三、专家建议

申请办理简易注销登记程序的公司，应当首先内部核查是否已完成职工工资、社会保险费用、法定补偿金、应缴纳税款（滞纳金、罚款）等相关债务的清偿义务；如果存在被吊销营业执照、责令关闭、撤销，存在股权（财产份额）被冻结、出质或动产抵押情形的，正在被立案调查或采取行政强制措施的，正在诉讼或者仲裁程序中的公司，或者被列入经营异常名录的，不得适用简易注销程序。

对于用人单位而言，不要存在侥幸心理，以为只要将公司注销了，就可以不用再对劳动者承担任何责任。在清算和注销的过程中，清算组没有尽到应尽的职责，或者故意不通知职工申报债权，即使公司被注销，仍然要承担相应的赔偿责任。对于劳动者而言，如公司已注销，但仍然欠付工资报酬或其他款项的，可以根据2023年修订的《公司法》第二百四十条的规定追究公司股东的连带责任、根据第二百三十二条的规定追究清算义务人的赔偿责任。

四、关联法条

《中华人民共和国公司法》第二百三十二条、第二百三十八条;《工伤保险条例（2010修订）》第六十二条;《中华人民共和国市场主体登记管理条例》第三十三条。

公司解散后未清算且资不抵债，可以提出破产清算申请吗

激烈竞争的市场环境中，公司可能因参与竞争而被淘汰，也可能因其投资者的商业规划和自主选择而退出市场。不论何种原因导致了公司解散，是否就意味着公司自动终止？解散之后是否还需要履行其他法定程序才能完成公司的注销登记？如果公司在解散之后资不抵债，是否可以提出破产申请？

一、案例简介

（一）基本案情

2013 年，甲、乙、丙 3 人共同出资成立九三公司，注册资本 6000 万元，其中甲出资 960 万元、持股 16%，乙出资 3000 万元、持股 50%，丙出资 2040 万元、持股 34%。2018 年 11 月 16 日，甲以出现股东长期对抗、经营管理困难的公司僵局情形为由，向法院提起强制解散九三公司的诉讼。2019 年 2 月 1 日，法院作出解散九三公司的民事判决。该判决已发生法律效力，而九三公司未在法定期间内成立清算组进行清算。某会计师事务所出具的《2014 年至 2016 年度经营成果专项审计报告》显示，九三公司 2014 年至 2016 年均为亏损状态。此外，因九三公司先后涉及多起诉讼，法院在执行过程中均未查到九三公司可供执行的财产。

2019 年 4 月 18 日，股东甲以九三公司解散逾期不成立清算组

进行清算且资产不足以清偿债务为由，向法院申请对九三公司进行破产清算。

（二）法院裁决

法院认为，九三公司系工商行政管理机关核准登记的企业法人，属于破产适格主体。甲系九三公司的股东，依法负有清算责任，具有申请九三公司破产清算的资格。九三公司持续亏损且经人民法院强制执行，无法清偿债务，应当认定其明显缺乏清偿能力，已具备破产原因。现九三公司已被强制解散但至今未清算，甲提出九三公司破产清算的申请符合法律规定，应当依法予以受理。2019 年 5 月 5 日，法院作出裁定，受理甲的破产清算申请。

二、以案说法

本案的争议焦点为：（1）甲是否有权提出破产清算申请；（2）九三公司是否具备进行破产清算的条件。

（一）公司解散事由

2023 年修订的《中华人民共和国公司法》（以下简称《公司法》）第二百二十九条明确规定，公司的解散事由包括：营业期限届满，股东会决议解散，因公司合并或者分立需要解散，依法被吊销营业执照、责令关闭或者被撤销以及司法解散。本案中，法院已作出解散九三公司的民事判决，即该公司已因司法判决解散。

公司解散可分为自愿解散和强制解散。自愿解散是指公司根据章程规定或股东会决议而解散，公司解散与否，取决于公司股东的意志，股东有权利选择是否解散公司。强制解散是指公司因政府的行政决定①或法院的司法判决而发生的解散，公司股东不能

---

① 行政解散主要是指公司依法被吊销营业执照、责令关闭或被撤销公司登记三种情形。

自主选择。无论何种解散，都必须依照法定程序进行。

（二）公司解散之后，清算义务人应当及时启动清算程序

公司解散或被宣告破产后应当在法律规定的时限内进行清算，公司清算程序属于公司法规定的具有强制力的制度要求。法定清算程序是债权人的利益保障，其目的在于终结公司一切法律关系，处理债权债务并分配公司剩余财产，确保公司有序退出市场。

2018 年修订的《公司法》第一百八十三条[①]规定，公司应当在法定的解散事由出现之日起 15 日内成立清算组进行清算，其中有限责任公司的清算组由股东组成。本案中，提出破产清算的甲为九三公司股东，属于法定的清算义务人，结合《中华人民共和国企业破产法》（以下简称《企业破产法》）第七条的规定，九三公司已解散，且出现了资产不足以清偿债务的情形，此时清算义务人负有向法院申请破产清算的职责，即股东甲应当且有权向法院提出破产清算申请。

2023 年修订的《公司法》将法定的清算义务人由股东转变为董事，虽然《中华人民共和国民法典》第七十条的规定更为宽泛——"法人的董事、理事等执行机构或者决策机构的成员为清算义务人。法律、行政法规另有规定的，依照其规定"，但根据新法优于旧法、特别法优于一般法的原则，在公司解散时，优先适用 2023 年修订的《公司法》，以董事为清算义务人，除非公司章程另有规定或者股东会决议另选他人作为清算义务人。

（三）破产申请及相关程序

破产制度的设立，目的在于合理处理多数债权人之间以及债

---

① 该判决形成于 2019 年，后《公司法》于 2023 年修订，将该条内容规定于《公司法（2023 修订）》的第二百三十二条中，同时，清算义务人已由公司股东变更为公司董事。

权人与破产的债务人之间的关系、保障债权人的同等地位，依照
法定顺序和比例分配债务人财产，使债权人公平受偿和承担损失。
而破产申请是公司破产程序的开端。2023年修订的《公司法》第
二百三十七条规定，清算组在清理公司财产、编制资产负债表和
财产清单后，发现公司财产不足清偿债务的，应当依法向人民法
院申请破产清算。《企业破产法》规定清算义务人、债务人、债权
人和符合条件的债务人股东，均享有破产清算申请资格。具体而
言，对公司来说，如公司自身不能清偿到期债务，并且资产不足
以清偿全部债务或者明显缺乏清偿能力的，公司可以自己向法院
提出重整、和解或者破产清算申请。对债权人来说，如果发现债
务人不能清偿到期债务的，有权向法院提出对债务人进行重整或
者破产清算的申请。

　　破产申请案件均由债务人住所地法院管辖，也就是说，要针
对某家公司提出破产申请的，应当向该公司住所地的法院提出申
请。向法院提出破产申请，应当提交破产申请书和有关证据，法
院收到破产申请，通常会审查申请权、破产资格、申请材料齐备
程度等形式要件，也审查破产原因出现的实质要件，随后做出是
否受理破产的裁定。

三、专家建议

　　在解散过程中，公司丧失的只是从事营业活动的行为能力，
其法人资格并未真正消灭。公司解散后亦不是自动转入清算阶段
的，根据现行公司法的要求，首先，公司出现解散事由的，应当
在10日内将解散事由通过国家企业信用信息公示系统予以公示；
其次，公司董事应负责解散到清算的衔接工作，主动承担组建清
算组的职责。如董事未在法定期限内（公司解散事由出现后15个

工作日内）成立清算组开启清算程序，因此导致公司或者债权人损失的，应当承担赔偿责任。在满足法定条件的前提下，有权提出破产清算的申请人包括债务人、债权人、清算义务人等。建议公司股东和董事，在解散事由出现后，积极履行解散信息公示义务、组建清算组，同时，在清算期间，公司不得再开展与清算无关的经营活动。最后，对公司股东而言，如果在清算时，尚未履行或未完全履行出资义务的，股东出资属于清算财产，即，在公司破产情况下，股东应当履行全部出资义务。

四、关联法条

《中华人民共和国民法典》第七十条；《中华人民共和国公司法》第二百二十九条、第二百三十七条；《中华人民共和国企业破产法》第七条。

第二部分
公司资本篇

第三章 股东出资纠纷

不当减资可被认定为抽逃出资

注册资本是公司法人财产，公司股东应按其认缴的数额履行足额出资义务，股东认缴的出资未经法定程序不得抽回、减少。

一、案例简介

（一）基本案情

鑫麟公司注册资本为3000万元，其中张某金出资2700万元，持股90%；李某英出资300万元，持股10%。2016年4月19日，于某在南开区法院立案起诉鑫麟公司房屋买卖合同纠纷一案，法院判决双方签订的购房协议无效，鑫麟公司返还于某购房款及利息等共计79万余元。判决生效后，于某向南开区法院申请强制执行。2016年12月29日，鑫麟公司名称变更为威豪公司，法定代表人为李某英。2017年2月23日，股东张某金办理减资2000万元手续，威豪公司注册资本由3000万元变更为1000万元。变更后张某金出资700万元，持股70%；李某英出资300万元，持股30%，并承诺于2017年1月6日前缴齐注册资本。2017年1月6日，威豪公司通过《城市快报》刊登了减资公告。2017年3月31日，南开区法院作出民事裁定，因鑫麟公司暂无财产可供执行，终结本次执行程序。于某认为，威豪公司的减资行为，并未依法通知于某，减资行为存在重大瑕疵，张某金、李某英作为威豪公司的股东，至今仍未按承诺缴齐认缴出资，侵犯了其合法权益，故起诉张某金、李某英，要求张某金、李某英在减资范围内对第三人威豪公司应支付于某 79 万余元的债务承担补充赔偿责任。①

（二）法院裁决

1. 一审判决

一审法院判决，张某金在减资 2000 万元的本息范围内，对第三人威豪公司的债务在威豪公司不能清偿的部分承担补充赔偿责任；李某英对上述债务承担连带责任。

2. 终审判决

张某金、李某英不服判决，提起上诉。二审法院判决驳回上诉，维持原判。

二、以案说法

本案的争议焦点主要有两个：一是张某金的减资行为是否构成抽逃出资？二是李某英是否应承担连带责任？

（一）公司减资的概念

公司减资是指公司减少其注册资本，也就是公司的资产总额，基础来源是股东在公司章程中认缴的出资额。有的学者认为，公司减资不应仅限于狭义上的减少注册资本，也应当包括广义上的减少公司的资产。但目前学界普遍认为公司减资是指减少公司资本的行为。

---

① 详可参见（2018）津 02 民终 361 号民事判决书。

（二）我国的减资制度

根据《中华人民共和国公司法》（以下简称《公司法》）及相关规则，我国减资制度并未在有限责任公司与股份有限公司之间进行区分，因此二者均统一适用。基本遵循程序如下：（1）由公司董事会制定公司减资的方案，并由股东（大）会以2/3绝对多数表决通过；（2）编制资产负债表及财产清单；（3）通知债权人并在报纸上或者国家企业信用信息公示系统公告；（4）申请工商变更登记。关于减资的法律责任，现行规则仅对减资时未按照规定履行通知债权人义务的情形作了规定，即违法减资的公司将面临罚款，除此之外并未规定公司减资程序存在瑕疵时的其他法律后果。

根据《公司法》第二百二十四条第二款规定，公司应当自作出减少注册资本决议之日起10日内通知债权人，并于30日内在报纸上或者国家企业信用信息公示系统公告。《最高人民法院关于适用〈中华人民共和国公司法〉若干问题的规定（三）》（2020年修正）第十四条第二款规定，公司债权人请求抽逃出资的股东在抽逃出资本息范围内对公司债务不能清偿的部分承担补充赔偿责任、协助抽逃出资的其他股东、董事、高级管理人员或者实际控制人对此承担连带责任的，人民法院应予支持；抽逃出资的股东已经承担上述责任，其他债权人提出相同请求的，人民法院不予支持。本案中，第三人威豪公司明知于某系其债权人且有明确联系方式的情况下，在作出减资决议之后未采用公告外的其他通知方式告知于某，未履行通知债权人的法定程序，因此，第三人威豪公司减资程序不合法，应认定相应股东张某金的减资行为构成抽逃出资。于某请求张某金在抽逃出资本息范围内对威豪公司债务不能清偿的部分承担补充赔偿责任，李某英作为协助抽逃出资的其他股东、法定代表人对此承担连带责任，得到了法院的支持。

三、专家建议

《公司法》第二百二十四条第二款明确了公司减资程序中的通知义务。且"公告"与"通知"是并行的，不能相互替代。因此，该法条中规定的"通知"，应为发送函件等能够为对方直接接收的通知方式。仅仅在报纸上或者国家企业信用信息系统公示公告的，应认定为不符合该法条规定的减资程序，构成不当减资。《最高人民法院关于适用〈中华人民共和国公司法〉若干问题的规定（三）》（2020 年修正）对抽逃出资的情形运用了兜底条款，将所有未经法定程序抽回出资且损害了公司权益的情形都纳入了抽逃的范畴。像本案中这种不当减资的情形完全符合该条规定的"抽逃"的概念，应认定为抽逃出资。一方面，从行为的实质来看，不当减资究其实质就是未经法定程序将出资抽回的行为；另一方面，从行为的后果来看，不当减资对公司权益和债权人权益的损害结果也完全等同于抽逃出资。因此，公司违反法律程序的减资行为构成不当减资，其本质就是抽逃出资，相关股东及其他相关人员应承担与抽逃出资相同的法律责任。

四、相关法条

《中华人民共和国公司法》第五十三条、第二百二十四条；《最高人民法院关于适用〈中华人民共和国公司法〉若干问题的规定（三）》（2020 年修正）第十二条、第十四条。

股东出资莫要"过桥"取巧

很多创业者在设立公司时，对公司资本认缴制缺乏了解，认为认缴制就是让大家在没有充足资金的情况下也可以设立公司，不需要将出资实缴到位，出资期限届至时，只需要像在银行贷款一样，找一个提供"过桥"资金的中介，应付一下即可。鼓励大家积极创业、敢于投资是认缴制的本意，但这并不意味可以不实缴出资，投机取巧。采取各种手段逃避出资，会构成虚假出资，不仅要被法院判令继续缴纳出资，还要背负上相应的利息损失，可谓"偷鸡不成蚀把米"。

一、案例简介

（一）基本案情

豪泰公司成立于2013年5月8日，注册资本为50万元，其中股东吴某认缴26万元，股东张某认缴24万元，公司章程规定的出资期限均为2018年12月31日。2015年1月19日，交款人吴某、张某由工商银行某支行的09504号柜员经办，向豪泰公司账户以现金方式分别缴纳投资26万元、24万元。同日，豪泰公司将收到的出资款50万元一次性转至公司另一账户，并经该账户向案外人别墅公司转款50万元。2015年1月20日，豪泰公司停止经营。2015年7月9日，深圳中院依法受理豪泰公司申请自身破产清算案。鉴于别墅公司于2015年1月28日才被核准登记，且与豪泰公司没有因货物购销关系或其他法律关系产生的债权债务；股东张某和吴某的出资款，从汇入豪泰公司至转出，过程均发生在同一天。豪泰公司将股东张某、吴某诉至深圳中院，要求张某、吴某返还出资款及利息。经豪泰公司申请，一审法院准许证人万某乙出庭接受询问。万某乙当庭陈述其接受委托为张某、吴某代垫出资办理验资，收取费用500元，其当天在工商银行某支行从自己的银行卡上取现后，以张某、吴某的名义向豪泰公司验资账户缴纳出资款共50万元。随后，其又进行了上述一系列转款操作，最后该笔50万元回到了其子万某甲的账户。经一审法院调查，万某乙于2015年1月19日由工商银行某支行09504号柜员经办，从其个人账户中取现499500元。①

（二）法院裁决

1. 一审判决

一审法院认为，张某、吴某作为豪泰公司股东，已按照各自认缴额将出资款存入公司账户，公司如主张其构成虚假出资，应承担相应的举证责任。经调查查明，相关账户的交易明细、交易凭证以及万某乙的证人证言相互印证，已形成证据链，足以证明豪泰公司所主张的张某、吴某出资款系万某乙提供的过桥资金，当日出资款又转回万某乙操控的万某甲银行账户的事实。上述情形已符合虚假出资的形式特征，而张某、吴某又未提交任何抗辩证据。遂判决张某、吴某分别向豪泰公司支付出资款24万元、26万元及相应利息。

2. 终审判决

二审中，张某、吴某提出，他们以个人名义购买的机器设备，

---

① 详可参见（2017）粤民终2805号民事判决书。

向豪泰公司提供的流动资金，支付的员工工资等已足额并远远超过认缴额 50 万元，实质上出资已经到位。二审法院认为，公司股东对公司的投入不能等同于出资。张某、吴某有以此过桥资金为出资的意思表示，则其此前购买机器设备、提供资金等行为的真实表示并非向公司出资。遂对一审判决予以维持。

二、以案说法

本案的争议焦点主要有两个：一是张某、吴某是否构成以获取验资为目的将出资短暂入账并出账的虚假出资行为？二是张某、吴某以个人名义购买的机器设备，提供的流动资金，支付的员工工资等是否可以认定为出资？

（一）虚假出资的认定

虚假出资指公司发起人、股东违反公司法的规定未交付货币、实物或未转移财产权，公司未利用该出资进行经营。实践中，虚假出资主要表现为：（1）以无实际现金或高于实际现金的虚假银行进账单、对账单骗取验资报告，从而获得公司登记；（2）以虚假的实物投资手续骗取验资报告，从而获得公司登记；（3）以实物、工业产权、非专利技术、土地使用权出资，但并未办理财产权转移手续；（4）作为出资的实物、工业产权、非专利技术、土地使用权的实际价额显著低于公司章程所定价额；（5）单位股东设立公司时，为了应付验资，将款项短期转入公司账户后又立即转出，公司未实际使用该款项进行经营；（6）未对投入的净资产进行审计，仅以投资者提供的少记负债高估资产的会计报表验资。本案中，张某、吴某作为股东，以获取验资为目的，采取了"过桥"的方法，通过中介短暂地将资金转入豪泰公司账户并转出，使得豪泰公司未能利用股东出资进行经营，张某、吴某的上述行为构成虚假出资。

（二）合法出资的形式

《中华人民共和国公司法》第四十八条规定，股东可以用货币出资，也可以用实物、知识产权、土地使用权、股权、债权等可以用货币估价并可以依法转让的非货币财产作价出资；但是，法律、行政法规规定不得作为出资的财产除外。对作为出资的非货币财产应当评估作价，核实财产，不得高估或者低估作价。第四十九条第二款规定，股东以货币出资的，应当将货币出资足额存入有限责任公司在银行开设的账户；以非货币财产出资的，应当依法办理其财产权的转移手续。本案中，张某、吴某以个人名义购买的机器设备虽为豪泰公司使用，但未进行过财产价值评估，亦未依法办理财产权的转移手续，不符合以非货币财产出资的形式，不能认定为出资。张某、吴某以借款形式向公司提供的资金及其支付的员工工资等费用并非公司章程约定的出资方式，公司章程亦未因此进行过修改，不符合出资的形式。

三、专家建议

本案的张某、吴某虚假出资的手法并不高明，在一天之内完成了出资的转入与转出，但他们竟敢在公司停止经营前一天"走过场"，可谓胆大包天。广大创业者要以此为戒，正确认识公司资本认缴制，根据自己的认缴数额，按期、足额缴纳出资，莫要"过桥"取巧。另外，在选择出资形式、履行出资义务时，要严格按照法律、公司章程规定及程序进行，莫要将个人财产与公司财产混同。

四、相关法条

《中华人民共和国公司法》第四十八条、第四十九条。

股东出资期限利益有保障

　　股东的出资期限利益，是公司资本认缴制的核心要义，系公司各股东的法定权利，股东可以按照公司章程约定的期限缴纳出资，实践中认缴的出资可能因公司不能清偿到期债务而加速到期，但这并不意味着股东出资期限可被任意变更，公司股东会不得以多数决的方式决定迫使小股东提前出资。

一、案例简介

（一）基本案情

　　2016 年 10 月 21 日，案外人利欧集团与於某国签订了《股权转让协议》，约定将其持有的利欧环境公司的 15% 股权以 150 万元的价格转让给於某国。2017 年 6 月 7 日，利欧集团与第三人利欧控股公司签订了《股权转让协议》，约定将其持有的利欧环境公司的股权中的 8813.65 万元（占公司注册资本的 85%）以人民币 52 万元的价格转让给利欧控股公司。2018 年 10 月 15 日，经利欧环境公司全体股东签字形成了《利欧环境公司章程》，该章程第六条规定公司注册资本为 10369 万元；第七条规定利欧控股公司已出资 680 万元，并于 2030 年 10 月 18 日前出资 8133.65 万元，於某国已出资 120 万元，并于 2030 年 10 月 18 日前出资 1435.35 万元；第十四条规定股东会会议作出修改公司章程、增加或者减少注册资本的决议，以及公司合并、分立、解散或者变

更公司形式的决议，必须经代表三分之二以上表决权的股东通
过，股东会的其他决议必须经代表半数以上表决权的股东通过。
2021年3月31日，利欧环境公司召开了临时股东会，但未达成
一致意见。2021年4月29日，利欧环境公司通知於某国、利欧
控股公司召开第二次临时股东会。2021年5月6日，於某国对第
二次股东会审议事项作出书面回复。2021年5月15日，利欧环
境公司召开了2021年度第二次临时股东会，利欧控股公司出席
会议，该会议经利欧控股公司持85%的表决权通过了以下决议事
项：2021年6月1日前实缴出资额达到3000万元；修改公司章
程，修改出资额及出资时间，并增加未按期缴纳的股东应向公司
支付应缴之日起至实缴之日止同期银行贷款利率的3%违约金的
条款。同日，利欧环境公司根据上述股东会决议作出了《章程修
正案》，并将该修正案在市场监督管理局备案。后利欧环境公司
向於某国发送了《股东出资告知函》。2021年6月1日，利欧控
股公司通过转账向利欧环境公司交付了1870万元，履行了出资
义务。於某国认为修改出资期限需要经过全体股东一致同意，且
利欧控股公司利用其大股东优势地位，不顾小股东的反对，在不
存在法律规定情形的条件下，强行通过股东会决议修改股东出资
期限，明显属于恶意侵害於某国的合法权益，于是诉至法院，要
求确认利欧环境公司2021年度第二次临时股东会决议无效，判
决利欧环境公司向公司登记机关申请撤销依据2021年度第二次
临时股东会决议所作的工商变更登记。①

———————

① 详可参见（2021）浙10民终2840号民事判决书。

（二）法院裁决

1. 一审判决

一审法院认为，案涉公司决议的程序并未违反法律及公司章程规定，内容亦不违反法律、行政法规的规定。遂判决驳回於某国的诉讼请求。

2. 终审判决

於某国不服，提起上诉。二审法院认为，案涉股东会决议以资本多数决的方式决定股东出资期限提前到期，剥夺了於某国作为公司股东的出资期限利益，限制了於某国的合法权益，与股东出资提前到期相关的决议第（二）项、第（三）项、第（五）项内容无效。因此判决撤销一审判决，确认利欧环境公司2021年度第二次临时股东会决议中的第（二）项、第（三）项、第（五）项决议内容无效，利欧环境公司应向公司登记机关申请撤销依据前述三项股东会决议内容所作的公司章程变更登记。

二、以案说法

本案的争议焦点主要为案涉2021年度第二次股东会决议的效力问题。

一审法院认定案涉股东会决议合法有效，主要依据《中华人民共和国公司法》（以下简称《公司法》）第六十六条第三款规定，股东会作出修改公司章程、增加或者减少注册资本的决议，以及公司合并、分立、解散或者变更公司形式的决议，应当经代表三分之二以上表决权的股东通过。一审法院认为，公司章程中约定的股东出资期限往往是缴纳出资的最晚日期，公司可根据自身经营情况，制定相应的经营方案，法律不应过度干预。

然而，修改股东出资期限，涉及公司股东的出资期限利益，并非一般的修改公司章程事项，不能适用资本多数决规则。《公司法》第四十九条第一款规定，股东应当按期足额缴纳公司章程规定的各自所认缴的出资额，即法律赋予公司股东出资期限利益，出资期限利益系股东法定权利。如允许适用资本多数决，不同意提前出资的股东将可能因未提前出资而被剥夺或限制股东权益，直接影响股东根本利益。因此，修改股东出资期限不能简单等同于公司增资、减资、解散等事项，亦不能简单地适用资本多数决规则。股东按期出资虽系各股东对公司的义务，但本质上属于各股东之间的一致约定，而非公司经营管理事项。法律允许公司自治，但需以不侵犯他人合法权益为前提。公司经营过程中，如有法律规定的情形需要各股东提前出资或加速到期，系源于法律规定，而不能以资本多数决的方式，以多数股东意志变更各股东之间形成的一致意思表示。但司法实践中，具有优先性质的公司债权在一定条件下可以要求公司股东提前出资或加速到期，而本案并不存在该种情形，因此，与股东出资提前到期相关的决议内容无效。

三、专家建议

修改股东出资期限不应适用资本多数决规则，除法律规定或存在其他合理性、紧迫性事由需要修改出资期限的情形外，股东会会议作出修改出资期限的决议应当经全体股东一致通过。若股东会决议以资本多数决的方式决定股东出资期限提前到期，则剥夺了小股东作为公司股东的出资期限利益，限制了小股东的合法权益，故与股东出资提前到期相关的决议内容无效。

但根据 2023 年修订的《公司法》第五十四条股东出资义务加速到期的相关规定，公司不能清偿到期债务的，公司或已到期债权的债权人有权要求已认缴出资但未届出资期限的股东提前缴纳出资。故在此意义上,股东的期限利益受到一定限缩。

四、相关法条

《中华人民共和国公司法》第二十一条、第二十五条、第四十九条、第五十四条、第五十九条、第六十六条。

股东未按期足额缴纳出资或面临失权

在认缴资本制下，有限责任公司股东在认缴期满后不能足额缴纳出资已成为十分突出的现实问题。股东不履行出资义务，导致公司资本不充实，从而损害公司、其他股东及公司债权人利益。因此，如何处置未按期足额缴纳出资的股东也成为公司面临的棘手问题。

一、案例简介

（一）基本案情

2016年1月6日，黑龙江完达山公司、王某某、乐姆公司共同出资设立完达山北京公司，约定由黑龙江完达山公司出资450万元，占股52.94%；王某某出资200万元，占股23.53%；乐姆公司出资200万元，占股23.53%，认缴出资期限均为2016年4月30日。完达山北京公司将上述公司章程进行工商登记备案并于2016年2月6日完成设立登记领取营业执照。2016年3月14日黑龙江完达山公司缴纳第一笔出资90万元；2016年3月17日王某某缴纳第一笔出资40万元；2016年3月18日乐姆公司缴纳第一笔出资40万元。2016年11月17日，王某某再次缴纳出资160万元。2016年11月22日，完达山北京公司向黑龙江完达山公司发《催告函》，要求黑龙江完达山公司按照公司章程约定向公司注入欠缴的认缴出资。2016年11月27日，黑龙江完达山公司回函称，由于此前三方股东均未按约定注入股本金，且完达山北京公司经营亏损，要求完达山北京公司召开临时股东会会议，对公司的亏损原因及发展前景进行研判，再重新约定股东第二笔出资交付的时间及金额。2016年12月28日，完达山北京公司召开临时股东大会，王某某和乐姆公司到会参加，黑龙江完达山公司未到会。与会股东一致表决通过股东会决议，内容为："通过由王某某缴纳黑龙江完达山公司、乐姆公司认缴未缴公司注册资本并将公司股东的持股比例调整为王某某占84.71%，黑龙江完达山公司占10.59%，乐姆公司占4.7%的股东会决议……"。黑龙江完达山公司认为完达山北京公司违反公司章程规定程序，通过临时股东会议形成剥夺其股东权利的决议，决议中关于变更持股比例的内容违反了股权自由处置原则，且该决议以实缴出资额计算表决权的表决方式违法，遂诉至法院，要求确认该股东会决议无效。[①]

（二）法院裁决

1. 一审判决

一审法院认为，《中华人民共和国公司法》虽对未完全出资股东是否可以被部分解除股东资格的问题没有明确规定，但应从整体框架考虑，遵循立法原则及立法目的予以综合判断。案涉决议变更持股比例的内容并未侵害黑龙江完达山公司的合法权益，对未完全出资的股东经公司催告后并未补足出资，股东会决议解除其未出资额相对应部分的股东资格不违反法律、行政法规，不属于决议无效的情形。遂判决驳回黑龙江完达山公司的诉讼请求。

2. 终审判决

黑龙江完达山公司不服判决，提出上诉。二审法院判决驳回

[①] 详可参见（2018）京02民终12476号民事判决书。

上诉，维持原判。

二、以案说法

本案的争议焦点主要为，案涉股东会决议是否有效？

从权利义务对等原则出发，股东享有权利的前提是承担股东义务，向公司缴纳出资是股东最重要最基本的义务。股东未全面履行出资义务却享有完全的股东权利，违反民事活动中的权利义务对等原则。本案中，黑龙江完达山公司仅实际出资90万元，未按照章程约定的时间缴足认缴出资的份额，并且经过完达山北京公司催告，其回函内容表明其拒绝按照章程约定的时间和金额出资，事实上黑龙江完达山公司其后也一直未向公司缴纳剩余的认缴出资金额。在此情形下，黑龙江完达山公司应当承担不利后果。

从尊重公司意思自治的角度来看，应当肯定公司章程对于股东各方权利义务的约定。在公司设立之初，3名股东均同意完达山北京公司章程约定，股东应当按期足额缴纳各自所认缴的出资额，股东不按照规定缴纳出资的，不享有相应股东权利。本案中，黑龙江完达山公司认缴出资期满，应当足额缴纳出资额，其不按期缴纳出资，按照公司成立时的章程约定，其不应享有相应部分的股东权利，故对这部分股权的侵害更无从谈起。

按期足额出资是股东信守承诺，对公司、其他股东及债权人尽到忠实义务之必要行为。《最高人民法院关于适用〈中华人民共和国公司法〉若干问题的规定（三）》仅对有限责任公司的股东未履行出资义务或者抽逃全部出资情形下作了严厉的除名规定，但将该条放在《中华人民共和国公司法》的整体框架下作目的性和体系性解释可知，该条款实际是诚信原则运用于公司内部治理的体现。就本案而言，黑龙江完达山公司缴纳了部分出资额，经催告后仍未缴纳的份额占了认缴出资额的绝大部分。故公司股东会可以在保留黑龙江完达山公司股东资格的前提下，决议解除黑龙江完达山公司未缴纳部分相对应的认缴资格。

三、专家建议

本案发生时，对于股东未全面履行出资义务或者抽逃部分出资时，经公司催告后仍不补足，公司股东会是否有权解除其未出资额对应的股权，我国公司法及司法解释未作明确规定。本案明确了公司有权解除股东未按期足额缴纳的出资对应的股权。值得注意的是，2023年修订的《中华人民共和国公司法》第五十二条已规定，股东未按照公司章程规定的出资日期缴纳出资，公司发出书面催缴书催缴的宽限期届满后，股东仍未履行出资义务的，公司经董事会决议可以书面形式向该股东发出失权通知，该股东即日丧失其未缴纳出资的股权。由此丧失的股权应在6个月内转让或相应减少注册资本，否则由公司其他股东按照其出资比例足额缴纳相应出资。由此可知，最新公司法已明确了股东失权制度，且只需要以董事会决议的形式即可完成。

四、相关法条

《中华人民共和国公司法》第五十二条;《最高人民法院关于适用〈中华人民共和国公司法〉若干问题的规定（三）》（2020年修正）第十七条、第十八条。

提供公司账户供其他公司转入资金，可能构成协助抽逃出资

股东出资是公司资产的重要组成部分，抽逃出资行为侵犯了公司财产权，公司依法享有返还财产请求权，抽逃出资的股东应当向公司承担返还所抽逃出资，并支付按其抽逃出资的数额和时间计付利息的侵权责任；公司债权人也可要求抽逃出资人对公司债务承担赔偿责任。协助股东抽逃出资的行为构成了共同侵权，应与抽逃出资人承担连带责任。

一、案例简介

（一）基本案情

杰瑞公司注册资本 2000 万元，股东为兴隆公司、黄某某，分别出资 1800 万元、200 万元。兴隆公司，注册资本为 1000 万元，李某出资 900 万元，占股 90%。唯拿公司注册资本 50 万元，法定代表人为林某玉，林某玉系李某的母亲。2011 年 6 月 4 日，苏某茂、周某兆与杰瑞公司签订《股权转让合同》，约定由苏某茂、周某兆将富广矿业公司、富祥矿业公司和鑫矿业公司的全部股权转让给杰瑞公司。因杰瑞公司拖欠 460 万元股权转让款及违约金，苏某茂、周某兆于 2014 年 8 月 23 日提起诉讼。2014 年 10 月 16 日，永州市中院判决杰瑞公司偿还周某兆、苏某茂股权转让款 460 万元及违约金。该判决生效后，周某兆、苏某茂申请强制执行。

经法院执行，杰瑞公司的法定代表人黄某某以公司未生产且无财产可供执行为由，一直未履行判决义务。截至 2020 年 1 月 6 日，杰瑞公司应付给周某兆、苏某茂股权转让款即违约金共计 1420 万元。2020 年 1 月 6 日，法院作出执行裁定，追加兴隆公司、唯拿公司、林某玉、李某为被执行人。兴隆公司、唯拿公司、李某、林某玉提起执行异议之诉，请求不得追加他们为被执行人。2020 年 4 月 28 日，法院判决不得追加唯拿公司、李某、林某玉为被执行人。判决作出后，兴隆公司、周某兆、苏某茂均提出上诉。永州市中院于 2021 年 9 月 1 日判决驳回上诉，维持原判。苏某茂、周某兆认为李某、林某玉构成抽逃出资，遂提起追收未缴出资纠纷之诉。经查，兴隆公司、李某、案外人翊鹤公司转入杰瑞公司的资金共计 4670 万元，杰瑞公司转出至兴隆公司、李某、唯拿公司的资金共计 3610 万元。杰瑞公司实际收到的资金只有 1060 万元，兴隆公司认缴出资 1800 万元，兴隆公司从杰瑞转移资金 740 万元。兴隆公司通过案外人红人瓷业公司从杰瑞公司转移资金 110 万元。上述转移的资金 850 万元最终都进入了李某、林某玉的账户。①

（二）法院裁决

1. 一审判决

一审法院认为李某的行为已构成抽逃出资，应当在兴隆公司抽逃出资 850 万元的范围内对杰瑞公司的债务承担连带偿还责任。林某玉提供账户协助李某抽逃出资，损害了杰瑞公司债权人的合法权益，已经与李某构成共同侵权，应当与李某承担连带责任。遂判决李某、林某玉对杰瑞公司所负 850 万元债务范围内承担连带清偿责任。

---

① 详可参见（2022）湘 11 民终 2470 号民事判决书。

2. 终审判决

杰瑞公司的债权人苏某茂、周某兆认为在李某的操控下，兴隆公司抽逃杰瑞公司的资金数额为 1140 万元，李某、林某玉应当在 1140 万元范围内承担赔偿责任；李某认为其并不是杰瑞公司的实际控制人，没有抽逃出资，林某玉认为其没有协助抽逃出资，于是各方纷纷上诉。二审法院认为，李某应系杰瑞公司的实际控制人，构成了抽逃出资，抽逃的具体金额应为 850 万元。林某玉提供账户协助李某抽逃出资，应当与李某承担连带责任。因此判决驳回上诉，维持原判。

二、以案说法

本案的争议焦点主要有两个：（1）李某是否构成抽逃出资；（2）林某玉是否应当承担抽逃出资的责任。

（一）抽逃出资的认定与责任

抽逃出资是指在公司验资注册后，股东将所缴出资暗中撤回，却仍保留股东身份和原有出资数额的一种欺诈性违法行为。抽逃出资不仅侵犯了公司的利益，而且可能侵犯公司以外第三人的利益，如公司的债权人的利益。抽逃出资的特点为抽逃行为发生在公司成立以后。如果抽逃出资行为发生在公司成立前，即公司发起人、股东已实际出资，在经过资产评估机构、验资机构评估、验资并出具评估、验资证明文件以后，在公司登记成立以前，将所出资抽逃，并骗得公司成立，那么则属于虚假出资。《中华人民共和国公司法》第二十三条第一款规定，公司股东滥用公司法人独立地位和股东有限责任，逃避债务，严重损害公司债权人利益的，应当对公司债务承担连带责任。本案中，李某作为兴隆公司的控股股东，通过兴隆公司实控了杰瑞公司。为逃避债务，李某作为杰瑞公司和兴隆公司的实际控制人，将杰瑞公司的资金转入兴隆公司，又将兴隆公司的资金大量转入个人账户，其行为已经构成抽逃出资。因此，李某应当在其抽逃出资的范围内对公司债务负连带责任。

（二）协助抽逃出资的认定与责任

《最高人民法院关于适用〈中华人民共和国公司法〉若干问题的规定（三）》（2020 年修正）第十四条第二款规定，公司债权人请求抽逃出资的股东在抽逃出资本息范围内对公司债务不能清偿的部分承担补充赔偿责任，协助抽逃出资的其他股东、董事、高级管理人员或者实际控制人对此承担连带责任的，人民法院应予支持。由此可见，协助抽逃出资的主体一般为本公司内其他股东、董事、高级管理人员或者实际控制人。但对于公司外部人员协助抽逃出资的行为，可根据《中华人民共和国民法典》关于共同侵权规定，也对其课以连带责任。本案中，林某玉作为唯拿公司的法定代表人，其提供公司账户为李某转移资金，并且兴隆公司的资金确实转入了林某玉个人账户。林某玉的协助行为与李某的抽逃出资行为构成了对杰瑞公司的债权人苏某茂、周某兆债权的共同侵权，应当承担连带责任。

三、专家建议

通过本案可知，公司法定代表人提供公司账户为另一公司实际控制人转移资金，一旦该实际控制人转移资金的行为构成抽逃出资，那么该公司法定代表人提供账户的行为便会被认定为协助抽逃出资，两者的行为均损害了债权人的合法权益，构成共同侵权，应当承担连带责任。因此，作为公司法定代表人，在公司与其他公司无正常交易时，不要轻易提供公司账户，允许其他公司转入资金，否则便有可能面临连带责任之风险。

四、相关法条

《中华人民共和国民法典》第八十三条、第一千一百六十八条、第一千一百六十九条；《中华人民共和国公司法》第二十二条、第二十三条、第二百六十五条；《最高人民法院关于适用〈中华人民共和国公司法〉若干问题的规定（三）》（2020年修正）第十二条、第十四条。

第四章　公司对外担保纠纷

公司对外担保的效力之惑

公司的对外担保直接关系到公司的财产安全和债权人利益。公司是一个法律虚设主体，其对外担保行为最终需要落实到包括股东和董事在内的关键人物。他们需要依照严格程序要求完成公司对外担保的批准、授权和签署工作，否则担保行为的法律效力将会受到质疑。因此，关注公司对外担保的效力问题，不仅是公司自身责任和义务的履行，也是对整个市场交易安全和经济秩序维护的必要保障。因此，在处理公司对外担保的事务时，务必确保所有程序的合法性和有效性，以免不必要的法律风险和经济损失。

一、案例简介

（一）基本案情

2021年3月18日，B公司依据协议向A公司借款人民币300万元。2021年3月23日及24日，A公司向B公司分别转账100万元、200万元。

借款协议签订时，B公司与D公司为C公司股东，其中B公司持股85.16%，D公司持有剩余14.84%股权。2021年12月21

日、22日，B公司将持有的C公司40%股权转让给叶某。2022年1月25日，B公司将持有的C公司12%股权转让给D公司。

A公司与B公司达成合议，C公司为债务的保证人，C公司对借款承担连带责任。2022年2月19日，C公司进行股东会表决，决议上C公司法定代表人黄某签字，B公司盖章，但D公司并未盖章。2021年2月21日，A公司与B公司签订《借款保证补充协议》。

2022年4月21日，C公司发布公章遗失声明，B公司在向叶某转让股权后已不是C公司的大股东，但黄某一直未交公章，在叶某加入公司后，C公司一直使用新公章。

B公司仅支付了6个月的利息，其余款项并未归还，A公司遂起诉。①

（二）法院裁判

1. 一审判决

B公司向A公司偿还借款本金及利息。由于C公司的股权结构显示B公司仍占85.16%，并且尚未完成工商变更登记，C公司不得对抗第三人。C公司的公章刊登遗失声明在《借款保证补充协议》签订之后，且并未申请鉴定，不足以证明盖章行为无效，C公司承担举证不能的不利后果。因此，C公司的担保行为有效，承当连带清偿责任，承担责任后有权向B公司追偿。

2. 二审判决

B公司向A公司偿还借款本金及利息。由于提供担保事项的股东会决议中仅有B公司的盖章，A公司应当知道黄某属于越权代表，A公司未尽到合理审查义务，不属于善意相对人。同时，在

---

① 详可参见（2023）粤01民终20536号民事判决书。

C 公司提供担保时，黄某的签名和 C 公司的公章，形式上具有公信力，C 公司对担保合同无效存在过错。A 公司和 C 公司过错相当，C 公司在 B 公司不能清偿部分的二分之一范围内承担赔偿责任，承担责任后有权向 B 公司追偿。

二、以案说法

本案涉及的争议点相对较多，概括而言，主要为越权担保、善意相对人的认定及担保合同无效的过错及相应责任。

（一）越权担保

公司的对外担保行为需要履行法定程序，否则有构成越权担保的风险。依据公司法的规定，公司为股东提供担保必须经股东大会决议。被担保的股东不得参与表决，表决由出席会议的其他股东所持表决权的过半数通过。

本案中，C 公司为股东 B 公司提供担保，由于 B 公司是案涉借款的债务人，依法不得参加 C 公司为其提供担保事项的表决。股东会决议中只有 B 公司盖章确认，D 公司并未在股东会决议上盖章，应当被视为股东会决议并未通过，决议内容不发生法律效力。

黄某在 C 公司未通过对股东担保决议程序的情形下，持 C 公司公章代表 C 公司在案涉《借款保证补充协议》中盖章的行为属于越权代表公司与相对人签订担保合同。

（二）善意相对人的认定

公司外部的债权人往往难以判断公司的对外担保行为是否系越权担保。因此，在法律推定债权人是善意的情况下，担保合同可以对公司发生效力。善意相对人的判定应当以"应当不知道且不应当知道法定代表人超越权限"为标准，司法实践中，债权人需要尽到合理的审查义务才能认定为善意。

本案中，相关的股东会决议中仅有债务人 B 公司的盖章，A 公司应当知道该股东会决议事项无效，即应当知道黄某属于越权代表，可见 A 公司未尽合理审查义务，不属于善意相对人，依据上述规定，案涉《借款保证补充协议》对 C 公司不发生法律效力。

（三）担保合同无效的过错及相应责任

担保合同被认定无效的情况下，需要依据债权人和担保人的过错划分双方的责任。如果是债权人的过错，那么债权人承担责任；反之，担保人的过错需要由担保人承担责任。但当双方均有过错时，担保人承担的赔偿责任不应超过债务人不能清偿部分的一半。

本案中，债权人 A 公司因未履行合理审查义务存在过错。担保人 C 公司提供担保时有法定代表人黄某签名并加盖 C 公司公章，从形式上具有一定的公司公信力，给债权人 A 公司造成信赖的基础。因此，C 公司对其提供的担保合同无效亦存在过错。债权人和担保人过错相当，因此担保人 C 公司在债务不能清偿部分的二分之一范围内承担赔偿责任。

三、专家建议

公司的对外担保行为涉及股东、债权人、债务人等各方利益，错综复杂，因此法律对其进行了特殊的规定。对于公司而言，对外担保行为会增加公司的财务负担，因而在涉及为关联方或者金额较大的担保时，往往需要由股东会进行决议并在表决中遵循相关的回避要求。对于债权人而言，由于公司对外担保关系到债务的偿还，因此需要在担保合同中依据法律和公司章程的规定尽到合理审查义务，确保担保的有效。

四、关联法条

《中华人民共和国公司法》第十五条；《最高人民法院关于适用〈中华人民共和国民法典〉有关担保制度的解释》第七条、第十七条。

公司关联担保认定的解释扩张

依据公司是否为关联方提供担保，对外担保可分为关联担保和非关联担保。其中，为了防止股东或者实际控制人通过关联交易对公司资产进行不当转移，法律对公司的关联担保设置了更加严格的规则。公司为其股东或实际控制人提供担保的无疑可以被认定为关联交易，但考虑到公司经营的复杂程度，关联担保的范围往往不限于此。例如，公司为其股东控制的其他公司提供担保是否应当被认定为关联担保就是一个亟待回答的问题。

一、案例简介

（一）基本案情

2019 年 6 月 10 日，A 公司依据协议向董某借款 1538 万元，其中马某为担保人。2020 年 4 月 29 日，马某与 B 公司出具担保函，说明马某和 B 公司就尚未还清的 589 万元承担连带担保责任，期限为主债务履行期限届满之日起 2 年。

B 公司出具了落款时间为 2020 年 4 月 29 日的《董事会决议》，确认 B 公司为 A 公司尚欠董某本金 589 万元进行担保，全体董事同意公司担保，并出具担保函。担保函出具时，马某为借款人 A 公司的实际控制人。马某同时为 B 公司的法定代表人，并持有 30.3% 股权。B 公司章程规定：董事会职权包括决定融资及融资担保事项；董事会会议应有过半数的董事出席方可举行；董事会作出决议必须经全体董事的过半数通过；董事会决议的表决实行一人一票。①

（二）法院裁判

法院认定 B 公司对 A 公司债务提供担保属于关联担保，因其 B 公司未履行公司法规定的股东会决议而被认定为越权担保。因此法院一审判决公司 A 公司偿还董某的欠款及相应利息。马某对 A 公司的债务承担连带清偿责任。B 公司对 A 公司不能清偿债务部分的二分之一承担赔偿责任，其承担赔偿责任后有权向 A 公司追偿。二审和再审维持原判。

二、以案说法

（一）关联交易的扩张解释

公司的对外担保行为不是法定代表人所能单独决定的事项，必须以公司股东会或董事会等机关的决议作为授权的基础和来源。而对于关联担保行为，法律对授权来源的要求更为严格，即需要股东会或股东大会决议。该规定的核心目的在于防止公司大股东或实际控制人为了自身利益操控董事会，侵害中小股东的利益。

公司法对于关联担保的条文表述限定于为公司股东或实际控制人提供担保。然而考虑到公司实践的错综复杂，实践中公司往往并不会直接对股东或实际控制人提供担保，而是为股东或实际控制人实际控制的其他企业提供担保。如果将该种情形排除在关联担保之外，则公司股东只要成立另外一家企业就能规避该规定，不符合立法目的，也无法保护中小股东的利益，故将公司为股东实际控制的企业提供担保宜判断为关联担保。

---

① 详可参见（2022）浙 02 民终 1633 号民事判决书。

本案中，B公司为其股东马某实际控制的A公司提供担保，如果该担保仅需董事会决议即可通过，恐无法体现公司决策的集体意志，容易损害中小股东利益。根据上述法条的立法目的和精神，应认定本案担保属关联担保之情形，须经股东会或股东大会决议。

（二）越权担保的效力

B公司未经股东会表决即对债务提供担保，应系法定代表人马某未经股东会决议擅自提供的《担保函》，属于法定代表人超越权限订立合同的行为，应当被认定为越权担保。此时，公司对外担保的效力取决于债权人董某是否善意，借其订立担保合同时不知道且不应当知道法定代表人超越权限，以及是否履行了合理的审查义务。董某应当要求B公司提供必要的公司文件证明其已履行合理审查义务。

本案中，B公司未进行股东会表决，董某也未对此进行审查，没有尽到合理的注意义务，不属于善意相对人，对B公司的越权担保行为亦存在过错。因此，该担保行为应当被认定为无效。

（三）责任的承担

公司B的对外担保因越权担保而无效，其责任判定应当依据担保人B公司和债权人董某的过错分配。双方均有过错的，担保人承担的赔偿责任不应超过债务人不能清偿部分的二分之一。

本案中，B公司未经股东会授权出具《担保函》，证明B公司内部管理不规范，对案涉《担保函》无效且有重大过错。董某未提供充分有效的证据证明其在接受《担保函》时对B公司股东会决议进行了审查，对案涉《担保函》无效亦存在过错。综合考虑当事人过错和全案情况，B公司应对A公司不能清偿债务部分的二分之一承担赔偿责任。

三、专家建议

对公司法的理解不应仅停留在法律条文的字面含义，而应当深度探索其背后暗藏的立法目的和立法精神。以公司对外的关联担保为例，公司法对关联担保设定股东会表决的程序要求旨在降低公司股东或实际控制人滥用权利损害公司和中小股东利益的风险。因此，对于关联担保的对象不应想当然地限定为条文中提及的股东或实际控制人，还应当结合市场中的操作实践进行扩张解释。本案即把公司向其股东实际控制的其他公司提供担保的行为认定为关联担保。需要依据《中华人民共和国公司法》第十五条履行法定的表决程序。

四、关联法条

《中华人民共和国公司法》第十五条；《最高人民法院关于适用〈中华人民共和国民法典〉有关担保制度的解释》第七条、第十七条。

一人公司可以为股东提供担保吗

一人公司是指股东仅有一名的公司，是我国商事实践的重要主体。依据我国法律规定，公司为股东或实际控制人提供担保必须经股东会或股东大会决议。但一人公司通常不设股东会或股东大会。因此，在实践操作中，通常无法履行法定程序，仅能通过股东决定的方式决定其是否对股东提供担保。那么，一人公司为股东提供的担保效力如何呢？

一、案例简介

（一）基本案情

2019年4月24日，肖某与A公司签订《借款合同》，约定借款金额为2000万元。2019年4月26日，肖某按照合同约定转账2000万元，附言载明借款。

2019年7月3日，肖某、A公司和B公司签订《保证担保合同》，约定B公司为债务提供连带责任保证。《保证担保合同》由肖某、A公司与B公司共同盖章确认，A公司与B公司法定代表人亦签章。《保证担保合同》签订时，A公司系B公司唯一股东。肖某并未提供证据证明其与B公司签订案涉《保证担保合同》之时，对A公司的章程、公司决议等与担保有关的文件进行审查。

落款日期为2018年2月28日、2019年5月15日的B公司章程均载明，公司向其他企业投资或者为他人担保应当采用书面形式作出决定。

另查明，B公司成立于2002年9月23日，2018年3月1日公司股东变更为A公司，2019年7月16日再次变更股东为案外人C公司。

借期届满后，A公司未能偿还本息，原告肖某多次催讨均无果。①

（二）法院裁判

A公司自判决生效10日，内归还肖某借款本金2000万元及按照年利率24%自2019年4月26日起计算至实际消偿之日止的利息。B公司对A公司的债务承担连带清偿责任，承担责任后有权向A公司追偿。

二、以案说法

本案的争议焦点为一人公司为股东提供担保的效力问题。

《中华人民共和国公司法》（以下简称《公司法》）第十五条规定，公司为公司股东或者实际控制人提供担保的，必须经股东会或者股东大会决议。那么，一人有限责任公司是不是适用这项法律规定呢？一人有限责任公司是《公司法》中规定的一种特殊的有限责任公司，只有一名股东。一人有限责任公司本身是没有股东会或者股东大会，其内部决议的表现形式是股东决定。因此，一人有限责任公司为股东提供担保不适用前述的《公司法》第十五条的规定，或者说难以严格依据这个规定。一人公司为股东担保通常只需由股东作出决定即可。

根据《最高人民法院关于适用〈中华人民共和国民法典〉有

---

① 详可参见（2019）沪0109民初24912号民事判决书。

关担保制度的解释》规定，一人有限责任公司为其股东提供担保，公司以违反《公司法》关于公司对外担保决议程序的规定为由主张不承担担保责任的，人民法院不予支持。一人公司只有一个股东的这种特殊性，决定了它在为自己的股东充当担保人时，是不能仅以对外担保决议程序的不合规来逃避承担担保责任的，这就是一人公司在为其股东提供担保时的特殊之处。

因此，一人公司在为其股东提供担保，担保有效。公司不得以违反《公司法》关于公司对外担保决议程序的规定为由主张不承担担保责任。公司因承担担保责任导致无法清偿其他债务，提供担保的股东如果不能证明公司财产独立于自己的财产，其他债权人也有权请求该股东承担连带责任。

本案中，B公司章程规定公司对外担保应由股东作出决定，虽然A公司未作出相应书面股东决定，但案涉《保证担保合同》系由肖某（债权人）、A公司（债务人）、B公司（保证人）共同签署，该事实表明A公司知晓并且同意B公司为其债务提供担保，债权人已经尽到合理注意义务。因此，B公司提供的担保合法有效。原告在保证期间内要求B公司对A公司所负债务承担连带保证责任，于法有据，应当予以支持。B公司承担保证责任后，有权向A公司追偿。

三、专家建议

公司法对关联担保设定股东会表决的程序要求旨在降低公司股东或实际控制人滥用权利损害公司和中小股东利益的风险。由于一人公司中股东仅有一人，该规定在一人公司中的实用价值有限。因此，一人有限责任公司为股东提供担保，即便没有在形式上出具股东决定，也不影响担保的效力。一人公司的风险点在于股东财产和公司财产的混同。在该情况发生时因为公司为股东承担担保责任导致无法清偿其他债务的，其他债权人是有权请求股东承担连带责任的。因此，一人公司重点要防止公司与股东的财产混同，建立规范的财务制度。

四、关联法条

《最高人民法院关于适用〈中华人民共和国民法典〉有关担保制度的解释》第十条。

上市公司对外担保的披露义务

上市公司的对外担保行为是证券市场重点关注的内容。这是因为上市公司的对外担保可能会对公司造成潜在的财务风险，从而影响投资者的决策。因此，法律法规对上市公司的关联担保和重大担保行为作出了特殊要求，即上市公司应当依法履行信息披露义务。这种做法有助于维护公平的市场环境，保护股民利益，确保他们在信息充分的基础上评估市场价值和风险。

一、案例简介

（一）基本案情

B公司欠付C公司工程款，并于2013年4月16日签订《工程款债务偿还协议书》，约定偿还。A公司为上市公司，作为B公司的关联方对该欠款提供担保。

A公司原法定代表人、董事长兼总经理龚某未按照规定履行公章使用审批流程，且未经董事会、股东大会审议通过的情况下，向债权人C公司出具一份盖有A公司公章及其本人签名的《担保函》，涉及担保金额占A公司2012年度经审计后的净资产的179.87%。

2013年期间，胡某担任A公司董事、常务副总经理，在龚某的授权下，主持A公司日常经营管理事务。2013年4月17日，债权人C公司人员与银行一同前往A公司联系胡某，要求A公司提供担保并办理担保事宜。胡某 C 公司相关人员和银行提供 A 公司的基础资料，知悉银行要求 A 公司提供担保等情况，但未向董事会及其他董事、监事、高级管理人员报告相关事项。

2013 年至 2016 年 4 月 11 日，龚某违规出具《担保函》后未告知董事会及其他董事、监事、高级管理人员相关担保事项，致使 A 公司未及时披露该担保事项，导致后续的 A 上市公司 2013 年至 2015 年年度报告一直未披露该担保事项，存在重大遗漏。

2019 年 11 月 14 日，中国证监会作出《市场禁入决定书》，对胡某采取 10 年证券市场禁入措施。胡某不服，向中国证监会申请行政复议。2020 年 10 月 28 日，中国证监会作出《行政复议决定书》，决定维持市场禁入的决定。胡某不服，诉至一审法院。①

（二）法院裁判

对胡某的禁入决定认定事实清楚，适用法律正确，程序合法，幅度适当。被诉复议决定程序合法，维持被诉禁入决定亦无不当，应予支持。判决驳回胡某的诉讼请求。二审驳回上诉，维持原判。

二、以案说法

（一）A 公司的信息披露违法责任

本案中，上市公司未依法披露其对外担保行为系龚某以及胡某的个人责任，但个人责任并不能免除公司的责任。A 公司依然要承担未依法信息披露的责任。

上市公司对于重大担保的依法披露责任旨在保护证券市场中投资者的合法权益。上市公司的披露必须真实、准确、完整，不得有虚假记载、误导性陈述或重大遗漏。

---

① 详可参见（2021）京行终 4704 号行政判决书。

本案中，公司的对外担保行为系时任法定代表人龚某未按照规定履行公章使用审批流程，且未经董事会、股东大会审议通过的情况作出，公司其他董事会成员、监事以及高级管理人员并不知情。但该《担保函》加盖 A 公司的公章，以 A 公司的名义作出，理应属于应当披露的事项，而 A 公司并未及时予以披露。

考虑到法定代表人与上市公司的密切关系，法定代表人知悉某事项应视为上市公司已知悉该事项，上市公司不能仅以不知情为由豁免其信息披露责任，上市公司的内部管理架构及运行状况，不影响其作为责任主体对外承担法律责任。公司印章管理混乱、法定代表人失控等情形也恰恰能够证明 A 公司的内部治理结构存在重大缺失，而上市公司内部失控引发的信息披露风险不能由证券市场的投资者来承担。因此，如果 A 公司因为依法披露其对外担保信息而对投资者造成损失的，投资者亦有权追究公司责任。公司在承担责任后可对内部责任人进行相应处罚。

（二）胡某信息披露违法责任

法律要求董事、监事、高级管理人员应当遵守法律、行政法规和公司章程，对公司负有忠实义务和勤勉义务。对于上市公司，要求其董事、监事、高级管理人员应当保证上市公司所披露的信息真实、准确、完整。

本案中，胡某在 2013 年期间担任 A 公司董事、常务副总经理，主持 A 公司的日常经营管理事务，其应持续关注公司的日常经营及有关重大事项。2013 年 4 月 17 日，C 公司和银行相关人员前往 A 公司联系胡某，要求 A 公司提供担保并办理担保事宜。其应当预见龚某有可能使用 A 公司公章对外提供担保，但未能保持足够注意力，也未向董事会及其他董事、监事、高级管理人员报告相关事项，未能履行对公司的勤勉尽责义务，进而致使 A 公司未及时在临时报告、定期报告中披露重大担保事项，其作为直接负责的主管人员，应承担相应的法律责任。

三、专家建议

除了公司对外提供担保，任何影响公司经营、债务情况的信息均及时应对外披露。相应地，投资者具有获知上市公司真实、准确、完整信息的权利，在发现公司存在未尽责披露的情况下，应当及时调整自身的投资策略，在自身利益受损时积极运用法律武器保障自己的合法权益。

四、关联法条

《中华人民共和国公司法》第一百八十条;《中华人民共和国证券法》第八十条、第八十二条;《证券市场禁入规定》第三条。

第五章　公司利润分配纠纷

收益之源：什么是公司红利

在公司的利润分配过程中，股东们往往会发现一个问题：那就是"可供投资者分配的利润"和"实际分到的红利"并不总是一致。这不仅仅关乎公司的财务状况，更直接关系到股东们的实际收益。为了确保自己的权益得到保障，股东们有必要深入了解公司的利润分配机制，这样他们就能对公司的财务状况有一个全面的了解。

一、案例简介

（一）基本案情

马堡煤矿成立于 2003 年 6 月 26 日，后吸收长治公司、太阳石公司为股东。2008 年 2 月 3 日，马堡公司召开一届二次董事会议，形成决议并通过了《关于设立企业发展基金的议案》及《公司章程》。3 个股东设立马堡公司为目标公司后，每年都要召开股东会、董事会，研究公司重大事项，形成决议，并在会上通过上年度的利润分配预案。自 2008 年至 2014 年，太阳石公司及长治公司都在决议及分配预案上签了字并领取到应分配的利润。

2008 年 9 月 18 日，马堡公司一届七次董事会会议召开，会议议定，太行大酒店项目建设资金由马堡公司董事会根据工程进展从马堡煤矿各股东应得分红中逐年按比例划拨给太行置业有限公司，但不得影响职工股的分红比例。2012年6月15日，马堡公司股东大会2012年第一次会议议定：股东武乡县国有资产经营管理中心变更名称为山西红星杨经济建设投资有限公司，会议改选了董事会、监事会组成人员。2013年9月10日，马堡公司2013年第一次股东会议暨第三届第二次董事会监事会会议召开，会议听取并审议了《武乡县文涛置业有限公司关于太行建国酒店和南波湾商住楼建设项目进展情况及投资使用情况的报告》，审议批准了《关于建设公寓楼的请示》的议案。2014年4月25日，长治公司取证来自山西省工商局的《企业档案信息卡》显示，马堡公司的股东已变更为太阳石公司、山西红星杨经济建设投资有限公司及长治市聚通能源发展有限公司。

2015年4月29日，太阳石公司以长治公司、马堡公司扣除其职工股分红款54141037.98元，扣除其流动资金分红款28812251.02元为由，向原审法院提起诉讼。[①]

（二）法院裁决

1. 一审判决

一审法院经审理后认定，马堡公司在执行董事会决议时，并没有严格按照董事会决定的实际要求及时间节点履行执行义务。遂判决如下：（1）马堡公司返还以建设太行大酒店为由侵占太阳石公司"职工股"分红款54141037.98元；（2）马堡公司返还为筹措公司"流动资金"而侵占太阳石公司分红款28812251.02元；（3）驳回太阳石公司的其他诉讼请求。

---

① 详可参见（2017）最高法民终392号民事判决书。

2. 二审判决

二审中，太阳石公司确认马堡公司 2008 年至 2013 年利润分配方案的真实性，并确认其实际取得了利润分配方案载明的利润。马堡公司股东会决议将一定比例的可分配利润作为公司流动资金，而不是作为红利向股东分配，并不违反《中华人民共和国公司法》（以下简称《公司法》）的相关规定。二审法院遂改判：（1）撤销一审判决；（2）驳回太阳石公司的诉讼请求。

3. 终审判决

二审法院判决生效后，太阳石公司不服，向最高人民法院申请再审，再审法院从证据、程序及法律适用三方面审查后认定其再审申请不符合法律规定，遂最终驳回其再审申请。

二、以案说法

本案当事人争议的焦点问题有二：（1）一届六次董事会决议中"职工股除外"的职工股具体指向；（2）马堡公司应否返还太阳石公司 5414 余万元和 2881 余万元款项。

（一）"职工股除外"中职工股的具体指向

本案中，长治公司认为，该职工股特指国有企业股东出资中由国有企业的职工出资部分，并不包括其他股东持有的马堡公司股权中职工出资所形成的部分。太阳石公司认为应包括太阳石公司职工出资部分。法院经审理认为，决议中的用语是"职工股"除外，而非"国有企业职工股"除外。长治公司将其解释为专指国有企业职工出资形成部分，缺乏依据。故前述决议中"职工股"指的是马堡公司全体股东持有的股权中，股东的职工出资形成的部分。马堡公司股东股权中，因其各自职工出资形成的部分，均属于"职工股除外"中的"职工股"，不限于长治公司职工出资形成部分。

（二）马堡公司应否返还太阳石公司5414余万元和2881余万元款项

根据《公司法》规定，审议和批准公司的利润分配及亏损弥补方案是股东会的法定职权。股东的红利并不等同于可供投资者分配的利润，而是基于有效的股东会决议对投资者进行的利润分配。股东会在决定可供投资者分配的利润是否作为红利分配给股东时，会综合考虑企业经营状况、市场环境以及发展方向等因素。本案中，虽然一届六次和七次董事会决议决定将可供分配利润的50%留作企业发展基金（职工股除外），但并未形成具体的利润分配方案。随后的一届八次、九次董事会以及2014年第一次股东会议的决议中，虽然继续了这一政策，但并未包括"职工个人股除外"的内容。这表明后来的决议实际上变更了之前的决议，并形成了新的决议。因此，太阳石公司提出按照可供投资者分配额数额分配红利的请求，与后续的股东会决议不符，法院未予支持。从法律角度看，马堡公司按照股东会决议进行利润分配并无不当，太阳石公司的主张未得到法院支持是因为其请求与后续的股东会决议不符。这一案例反映了公司在利润分配决策过程中应遵循的法律程序和决议的重要性。

三、专家建议

股东的红利并非直接等同于可供投资者分配的利润，而是需经过有效的股东会决议来确定。这意味着，股东会应基于公司的经营状况、市场环境及发展方向等因素，来决策是否将可供投资者分配的利润作为红利发放给股东。因此，股东们应深入了解公司的利润分配机制，这包括可供投资者分配的利润的计算方式以及影响利润分配的各种因素。同时，股东们应积极参与到股东会中，对利润分配方案提出自己的意见和建议。此外，股东们还应定期查看公司的财务报告和运营情况，以便全面了解公司的盈利能力和发展潜力。通过这些信息，股东们可以更好地评估自己的投资收益和风险控制，从而做出更为明智的投资决策。

四、关联法条

《中华人民共和国公司法》第二十一条、第五十三条、第五十九条。

盈利分配：公司赚了钱，股东如何分得一杯羹

商业利润分配是商业运营中的重要环节。当公司盈利时，股东们往往被视为首要的受益者。但这并不意味着其他与公司有紧密关系的各方就无法分享这份成果。实际上，利润分配的过程中，众多利益相关者如员工、供应商、客户等都可能牵涉其中。正因为涉及如此多的利益方，盈余的分配往往成为现实纠纷中的焦点问题。

一、案例简介

（一）基本案情

2013 年 7 月 30 日，海南乾金达矿业集团有限公司变更为乾金达矿业开发集团有限公司（以下简称"乾金达公司"），该公司持有万城公司 52.5% 的股份。万城公司在 2014 年召开过一次股东大会以及临时股东大会，对公司利润分配事项进行了简要决议，形成万城股字（2014）2 号股东会决议，决定在 2014 年 6 月之前，将公司部分剩余未分配利润分配完毕，但未直接明确每位股东应分配的利润数额。2014 年 6 月 25 日，紫金矿业集团股份有限公司、乾金达公司召开 2014 年第二次临时股东会，并形成《万城公司 2014 年第二次临时股东会议纪要》，该会议纪要第六条为：会议同意对万城公司 2013 年未分配利润在 7 月底之前进行分红，

2014年按季度分红。2015年9月24日，乾金达公司将持有万城公司52.5%的股权转移登记到乾金达公司下属全资子公司乾金达资产管理公司名下。2015年6月18日，乾金达公司与赵某签订《股权转让协议书》，乾金达公司以48000万元将其全资子公司乾金达资产管理公司100%的股权转让给赵某。2015年12月17日，乾金达资产管理公司100%的股权从乾金达公司名下转移登记到案外人赵某名下。2017年10月10日，乾金达公司向万城公司及万城公司股东紫金矿业集团股份有限公司、巴彦淖尔紫金有色金属有限公司、甘肃乾金达资产管理有限责任公司赵某送达一份《公司函件》，函件主要内容为：要求万城公司向乾金达公司支付2015年6月18日前的利润34732804.98元。2018年9月12日，乾金达公司向法院提起诉讼。①

（二）法院裁决

1. 一审判决

一审法院认为，利润分配是股东的一项基本权利。本案中，万城公司并未提供其已将2013年度应付股利向乾金达公司进行分配的证据，遂判令：（1）万城公司自判决生效之日起15日内给付乾金达公司2013年度应分得的利润29888366.29元及相应利息，至实际清偿之日止；（2）驳回乾金达公司其他诉讼请求。

2. 二审判决

二审法院认为，虽然万城公司章程中规定按照股东持股比例进行分红，但公司章程并不能代替股东会决议，乾金达公司亦无其他充分证据佐证该分配方案明确具体。因此，乾金达公司作为原股东，其主张分配利润的请求权并未转化为对公司应当支付其

---

① 详可参见（2021）最高法民再23号民事判决书。

利润的确定的债权，其关于万城公司应支付 2013 年度未分配公司利润的请求，二审法院不予支持。遂改判如下：（1）撤销一审判决；（2）驳回乾金达公司的诉讼请求。

3. 终审判决

二审法院判决生效后，乾金达公司向最高人民法院提起再审申请。就乾金达公司要求万城公司支付 2013 年度未支付利润的请求，最高人民法院经审理查明，案涉股东会决议载明了 2013 年度利润分配总额、分配时间，结合公司章程中关于股东按照出资比例分取红利的分配政策之约定，能够确定乾金达公司根据方案应当得到的具体利润数额，故该股东会决议载明的 2013 年度公司利润分配方案是具体的。因此，乾金达公司对于万城公司 2013 年度未分配利润仍享有请求权。当期限届满而万城公司仍未分配利润时，乾金达公司所享有的利润分配请求权即受到侵害，因此，其行使具体利润分配请求权的诉讼时效期间应当从 2014 年 8 月 1 日起算。而乾金达公司于 2017 年 10 月 10 日才向万城公司及其股东发函首次要求支付该部分利润，诉讼时效期间已经届满。故乾金达公司要求万城公司向其交付 2013 年度未分配利润的请求不能得到支持。再审法院对不予支持乾金达公司要求万城公司支付 2013 年度未支付利润请求的裁判结果予以维持。

二、以案说法

本案的争议焦点有二：（1）乾金达公司是否有权要求万城公司支付 2013 年度未支付利润；（2）乾金达公司是否有权要求万城公司分配 2014 年度利润。

（一）案涉股东会决议是否载明了具体利润分配方案

根据《中华人民共和国公司法》（以下简称《公司法》）及相

关司法解释的明确规定，利润分配决议不仅需要通过股东会或股东大会的正式表决，而且其内容必须具体明确。一项合法有效的利润分配方案，通常需要涵盖待分配利润的具体数额、公司的分配政策、分配的股东范围以及预定的分配时间等核心要素。这些内容的明确性对于保护股东权益至关重要，因为它决定了股东能够依据该方案获得的具体利润数额。在本案中，案涉的股东会决议详细载明了 2013 年度的利润分配总额以及分配的时间表。此外，结合公司章程中关于股东按照出资比例分取红利的明确分配政策，我们可以清晰地计算出乾金达公司根据该方案应得的具体利润数额。这一详细的规划确保了利润分配过程的透明度和公平性，符合《公司法》对于利润分配决议的具体性要求。因此，可以断定该股东会决议中载明的 2013 年度公司利润分配方案是具体而明确的，符合相关法律规定。

就乾金达公司是否有权要求分配 2014 年度利润的问题，案涉股东会决议中仅载明"2014 年利润按季度分红"，对应当分配的利润数额等事项并无记载。虽然乾金达公司主张审计报告中记载了当年利润数，但审计报告不能代替股东会决议，公司对于是否分配利润以及分配多少利润应当作出相应的决议。故根据现有信息无法确定乾金达公司能够获得的利润数额，上述股东会决议中未载明具体利润分配方案。因此，乾金达公司关于万城公司应向其支付 2014 年度未分配利润的主张不能成立。

（二）利润分配请求权的性质

一旦股东会决议明确了具体的利润分配方案，原本抽象的利润分配请求权就会转化为具体的利润分配请求权。这种转化意味着权利的性质发生了改变，从原本属于股东成员权的范畴，转变为独立于股东权利的普通债权。这种具体的利润分配请求权不再与股权紧密相关，因此并不随着股权的转让而自动转移。除非在股权转让协议中有明确的特别约定，否则原股东在转让股权后，其已经转化为普通债权的具体利润分配请求权并不会随之转让给新股东。在本案中，乾金达公司在2015年将其所持有的万城公司的股权转让给了他人。重要的是，当事人均确认在股权转让协议中并没有对2013年度的利润分配请求权作出任何特别的约定。基于上述法律规定和当事人之间的约定，乾金达公司仍然保留了对万城公司2013年度未分配利润的请求权。这意味着，尽管乾金达公司不再是万城公司的股东，但它仍然有权要求获得2013年度利润分配方案中确定的属于其的部分。这种权利的存在不受股权转让的影响，除非双方另有明确的约定。因此，乾金达公司可以继续行使其对2013年度未分配利润的请求权。

三、专家建议

在商业环境中，股东们普遍期望能够按照《公司法》规定，公平地享有公司盈余的分配权。然而，在实际操作中，由于缺乏明确或具体的盈余分配方案，或未经股东会或股东大会的正式决议，股东们可能会面临利润分配请求权不明确或丧失的风险，尤其是在股权转让之后。为了维护股东的合法权益，减少潜在的法律纠纷，建议股东在召开股东会时，务必制定详细、具体的盈余分配方案，并确保该方案经过正式决议。同时，在面临纠纷时，股东应及时寻求专业法律人士的指导与帮助，以确保自身权益得到妥善保护。通过遵循这些建议，股东们可以更加稳健地参与公司的利润分配，维护自身的合法权益，实现商业价值的最大化。

四、关联法条

《中华人民共和国公司法》第四条；《最高人民法院关于适用
〈中华人民共和国公司法〉若干问题的规定（四）（2020年修正）》
第十三条、第十四条、第十五条。

丧失股权：旧股东还能分得一杯羹吗

说到股东的核心权利，股利分配请求权无疑是其中之一。如果一个人丧失了股东身份，是否还有权分享公司的经营利润呢？

一、案例简介

（一）基本案情

2009年4月，重庆同力混凝土有限公司成立，注册资本为1000万元，由沈某某和韩某某共同出资。沈某某出资100万元，占10%的股份；韩某某出资900万元，占90%的股份。2011年1月，重庆同力混凝土有限公司吸收吴某某为新股东，吴某某与沈某某、韩某某三人签订股东合作协议，约定由吴某某出资998.05万元购买公司20%的股份。从2011年2月开始，沈某某、韩某某、吴某某三人的股份比例分别变为8%、72%、20%。

2011年10月23日，沈某某与韩某某签订了一份转股协议书，协议约定：韩某某同意沈某某于2011年9月30日退出重庆同力混凝土有限公司股份，并一次性向沈某某结算股份价款为150万元。后沈某某认为其任公司股东期间，公司从未分配过红利，经协商无果，沈某某遂向法院起诉，要求重庆同力混凝土有限公司支付其担任股东期间的公司未分配利润241.75万元。①

---

① 详可参见（2012）渝四中法民初字第39号民事判决书。

（二）法院裁决

一审法院审理后认为，股权转让是包括股东在公司应有权利义务的概括转让，股份一经转让，则属股东权利义务概由受让人继受。股东一旦丧失了股东身份，则丧失了股利分配请求权，因此无权对转让前的公司盈利要求分配。经法院释明后，原告沈某某自愿撤回起诉。

二、以案说法

本案的争议焦点为：沈某某转让股份后，对之前的公司利润是否还享有股利分配请求权。

股利分配请求权是股东凭借其股东资格和地位所固有的一项核心权利，它紧密地与股东身份相连。根据《中华人民共和国公司法》的相关规定，股东享有多种权利，其中包括资产收益、参与重大决策以及选择管理者等。这些权利共同构成了股权的基础。首先，股权是基于股东的资格和地位而存在的。股东身份不仅是股权存在的前提，也是其发挥作用的基石。这意味着只有拥有股东身份的人，才能享有股权所带来的各项权益。其次，股东作为公司的投资者，按照其投入公司的资本额享有相应的股权。这意味着股东对公司的贡献与其所持有的股权是成正比的。在股权的内容中，获取经济利益和参与公司管理是两个重要的方面。获取经济利益最直接的体现就是股东所享有的受益权，即股利分配请求权。这是股东投资于公司的最终目的，也是其最为关心的权益之一。而参与公司管理则是对股东参与重大决策和选择管理者权利的概括。通过这些权利，股东能够影响公司的运营方向和策略，保护自己的投资利益。然而，股权转让具有其独有的特征，即整体性和不可分割性。这意味着股权转让是股东权利和义务的全面转让，新股东将完全取代原股东的地位。这种转让不仅仅是部分权利和义务的转让，而是涉及股东身份的全面更替。在此种背景下，股利分配请求权的性质变得尤为重要。股利分配请求权是基于股东身份而产生的期待权，它产生于公司有盈余时。当股东转让其股权时，其股东身份也随之丧失，因此附着于股东身份的股利分配请求权也随之消失。这意味着股东在转让股权后，将不再享有对转让前或转让后公司盈利的分配权。本案中，沈某某在转让股权后，其股东身份已经丧失。因此，他不再享有基于股东身份而固有的股利分配请求权。

三、专家建议

股利分配请求权是股东基于其股东资格和地位而固有的一项核心权利。它与股东身份紧密相连，随着股东身份的丧失而消失。一般而言，要提起公司盈余分配纠纷诉讼，必须满足以下三个基本条件：首先，提起诉讼的主体必须是公司的股东；其次，公司必须有可供分配的利润存在；最后，在程序上，公司必须已经由董事会或执行董事制定了利润分配方案，并且该方案已经得到了股东会的审议和批准。鉴于公司盈余分配属于公司的内部自治事项，法院在审理此类案件时通常会遵循"谨慎干预"的原则。因此，为了保障原股东的权益，建议在制定股权转让协议时明确约定转让后新股东的责任和义务。同时，原股东也应积极监督新股东的行为，以确保其权益不受侵害。如果发现新股东的行为损害了原股东的权益，原股东可以采取必要的法律手段来维护自己的利益。

四、关联法条

《中华人民共和国公司法》第四条、第五十三条、第八十四条。

隐名股权：隐名股东能否分一杯羹

隐名股东，是通过继承或其他方式接手股权的股东，他们是否跟其他股东一样，能够从公司盈利中分一杯羹呢？

一、案例简介

（一）基本案情

2013年7月19日，湖南省嘉金房地产开发有限公司召开股东会议，达成如下协议：（1）确认股东厦门嘉金置业投资有限公司持有的70%股份中，杨某某出资2000万元（持股比例25%）、严某某出资700万元（持股比例10%）；（2）杨某某同意将其所持有的公司25%股权转让给福建开元建设发展有限公司，福建开元建设发展有限公司支付杨某某2000万元投资款。严某某将持有的公司10%股权作价700万元转让给福建开元建设发展有限公司；（3）严某某、杨某某投资款到账至抽离期间按月息3分作为投资回报，湖南省嘉金房地产开发有限公司分配部分房产给严某某、杨某某作为"投资回报"；（4）分配的房产由湖南省嘉金房地产开发有限公司代为销售，取得销售款后5日内将该款汇入指定账户。此次股东会议后，湖南省嘉金房地产开发有限公司股东变更为厦门嘉金置业投资有限公司（持股比例25%）、福建开元建设发展有限公司（持股比例75%），并于2014年3月27日办理了股权变更登记。2013年12月28日，湖南省嘉金房地产开发有限公司又召开股东会并形成股东会决议，主要内容为：截至 2013 年 12 月 31 日，严某某、杨某某的投资回报款共合计 29603000 元，以房产抵扣，同时明确了严某某、杨某某投资回报的具体房产位置及价格。由于严某某、杨某某的"投资回报"未兑付，2015 年 10 月 13 日，湖南省嘉金房地产开发有限公司再次召开股东会，股东会决议主要内容为：给严某某增加 8600749 元投资回报，因此前抵扣的房产价值超出"投资回报"1043386 元，增加价值 7557263 元的房产抵扣。2016 年 12 月，湖南省嘉金房地产开发有限公司将其名称变更登记为湖南省中强房地产开发有限公司。2017 年，严某某、杨某某起诉湖南省中强房地产开发有限公司要求其支付股东会决议中载明的"投资回报"。①

（二）法院裁决

1. 一审判决

一审法院认为，杨某某、严某某按股本金额等值转让股权时，实质上未包含 2 人的其他股东权益。基于此种情形，中强公司股东会决议按月息 3 分单独对严某某、杨某某持股期间的资产收益做出特别约定，这是各方对投入成本及预期收入进行综合判断的结果，符合《中华人民共和国公司法》（以下简称《公司法》）的规定，不违反法律和行政法规，属有效约定，当事人应按照约定履行。遂判令中强公司于判决生效之日起 10 日内向严某某、杨某某支付公司盈余分配款 38203749 元及相应利息损失。

2. 二审判决

二审法院认为，虽然严某某、杨某某在主张本案诉讼权利时，已不再是中强公司的股东，但其所主张的权利属于在股权转让时

---

① 详可参见（2019）最高法民再 88 号民事裁定书。

保留在公司的股东权利，且该权利经中强公司全体股东三次表决同意并形成了股东会决议，故中强公司应按照股东会决议向严某某、杨某某支付投资回报款。二审法院最终认定中强公司上诉理由不能成立，对其不予支持。

后中强公司不服二审判决，向最高人民法院提请再审。最高人民法院经过再审审理后认为，公司应当在提取当年法定公积金、弥补亏损之后再向股东分配税后利润，原判决未查明该事实即认定中强公司应当分配公司盈余，存有不当。同时指出，严某某与杨某某是否具备股东资格，是判断他们是否拥有公司盈余分配权利的基础，同时也是确定本案法律关系本质的关键。本案中，严某某和杨某某声称自己为中强公司的隐名股东，但原判决未就其与厦门嘉金公司之间是否存在股权代持关系、实际出资数额及资金性质等核心问题进行充分审查。原判决未查明上述事实。最高人民法院据此认为，原判决存有不当，裁定撤销该二审判决。

二、以案说法

本案的争议焦点为中强公司是否应向严某某、杨某某支付投资回报款。

在《公司法》的框架下，公司盈余分配请求权是股东基于其股东身份所固有的一项权利。这意味着，任何想要提起公司股利分配诉讼的个体，首先需要证明其股东身份。股东身份不仅是股东参与公司管理、决策的基础，更是其享受公司盈余分配的前提。当公司股东会已经正式批准了利润分配决议，但公司却迟迟不执行时，股东的利润分配请求权就从一种期待的权益转化为实实在在的债权。这时，股东作为债权人，可以直接针对公司提起诉讼，要求其履行分配利润的义务。本案中涉及的严某某和杨某某声称自己是中强公司的隐名股东。隐名股东与显名股东不同，他们虽然实际上出资参与了公司的经营，但由于种种原因并没有在公司的股东名册上登记。关于隐名股东是否有权提起公司股利分配诉讼，法律上存在一定的争议。但根据《最高人民法院关于适用〈中华人民共和国公司法〉若干问题的规定（三）》第二十四条规定，隐名股东在未经过正式的法律程序确认为显名股东之前，通常不具备直接提起公司股利分配诉讼的资格。因此，对于本案中的严某某和杨某某来说，他们首先需要证明自己的隐名股东身份，包括证明他们与公司之间存在股权代持关系、实际出资额以及资金的性质等。只有当这些关键事实得到确认，并经过法律程序确认为显名股东后，他们才具备提起公司股利分配诉讼的资格。

本案中，案涉《股东协议》的内容实际上包含了股权转让和利润分配两部分，所涉金额也包含了股权投资款和投资回报两部分，而严某某、杨某某认可其将股权转让给开元公司，中强公司也对严某某、杨某某的股东身份予以认可。因此，股权转让部分的金额应当依据其与开元公司之间的股权转让协议履行，利润分配部分应当依照《公司法》的相关规定执行。故在中强公司认可严某某、杨某某具有股东身份的情况下，其仍违反股东协议、决议约定，拒绝支付严某某、杨某某投资回报款，同时没有举证证明无法履行股东协议、决议约定的付款义务的行为实属不当。这事实上间接认可了隐名股东基于投资关系所取得的对公司利润分配的期待权，但其能否转化为具体的利润分配请求权，仍取决于公司是否盈利以及股东会是否依法做出分配利润的决议等多项条件。

三、专家建议

为了充分保障自身权益，股东应当深入了解和熟悉公司章程中关于利润分配、股权继承以及隐名股东权利等关键条款。这不仅可以确保股东的权益得到合法保护，还能为股东在必要时提供有力的法律支持。此外，积极参与股东会及股东大会是股东行使权利、维护利益的重要途径。在会议中，股东可以就利润分配方案提出自己的意见和建议，确保公司的决策能够充分反映和保障股东的利益。一旦发现公司拒绝执行已经批准的利润分配决议，股东应当迅速而果断地采取行动，向法院提起诉讼，坚决捍卫自己的合法权益。

四、关联法条

《中华人民共和国公司法》第四条、第八十四条、第二百一十条;《最高人民法院关于适用〈中华人民共和国公司法〉若干问题的规定（三）》（2020 年修正）第二十四条;《最高人民法院关于适用〈中华人民共和国公司法〉若干问题的规定（四）》（2020 年修正）第十四条、第十五条。

权益守护：谁来保护小股东的权益

在公司盈余分配的问题上，中小股东权益的保护一直是一个重要且持续受到关注的问题。为了维护中小股东的权益，当公司盈余分配纠纷进入法院时，法院会要求公司提供详尽的证据，以证明盈余分配方案的公平性和合理性。那么，中小股东又应当如何主动出击，保障自身权益呢？

一、案例简介

（一）基本案情

太一热力公司股东为太一工贸公司和居立门业公司，太一工贸公司持股比例60%，居立门业公司持股比例40%。2006年10月，太一热力公司受让取得甘肃省庆阳市西峰区46200.4 ㎡市政设施建设用地。2009年9月29日，庆阳市人民政府召开市长办公会决定对太一热力公司进行整体收购，收购内容包括资产和土地两大项。收购价款除政府已拨付的支持资金和截至2009年8月15日太一热力公司已收取的城市供热配套费（共计3234.72万元）外，政府再支付7000万元。2009年10月6日，庆阳市西峰区人民政府（甲方）与太一热力公司（乙方）签订《庆阳市西峰区新区集中供热站工程回购合同》。2010年7月10日，庆阳市经济发展投资有限公司向太一热力公司支付资产转让余款57616003.25元。太一热力公司被庆阳市人民政府收购后未开展经营活动、未进行财务清算,太一热力公司认可公司存在盈余,但不能提供具体盈余数额。经居立门业公司申请,一审法院委托的甘肃茂源会计师事务有限公司出具了《审计报告》,结论为:截至2014年10月31日,太一热力公司清算净收益75973413.08元。太一热力公司章程第十四条规定,公司股东会由全体股东组成,股东会是公司的权力机构;第十五条规定,公司股东会行使下列职权:……审议批准公司的利润分配方案和弥补亏损方案;第二十七条第四款规定,公司从当年税后利润中弥补上一年度亏损、提取公积金和公益金后所余利润,按照股东的出资比例分配。该《审计报告》载明,太一热力公司应收账款3390万元,系2010年9月8日转入兴盛建安公司,于2013年7月30日收回100万元,清算数3390万元;其他应收款21694383.08元中,兴盛建安公司12988795.65元。居立门业公司起诉认为,李某某利用其太一热力公司法定代表人身份和控制地位,滥用职权,拒绝利润分配,不断严重损害公司和股东利益,应当对太一热力公司向居立门业公司分配的利润承担连带清偿责任。[①]

(二)法院裁决

1. 一审判决

一审法院认为,根据《中华人民共和国公司法》的相关规定及太一热力公司章程,居立门业公司享有按照其在太一热力公司的出资比例分取红利的权利。太一热力公司应当依法向股东居立门业公司分配利润。遂做出如下判决:(1)太一热力公司于判决生效后10日内支付居立门业公司盈余分配款20466276.4元及相应利息;(2)如太一热力公司到期不能履行上述(一)、(二)项给付,

---

① 详可参加(2016)最高法民终528号民事判决书。

由李某某承担赔偿责任。

2. 二审判决

二审中，双方当事人均提交了新证据。二审法院经审理认为，首先，居立门业公司通过诉讼应分得的盈余款项系根据本案司法审计的净利润数额确定，此前太一热力公司对居立门业公司不负有法定给付义务，若《审计报告》未将公司资产转让款此前产生的利息计入净利润，则计入本次盈余分配后的公司资产，不存在太一热力公司占用居立门业公司资金及应给付利息的问题。其次，李某某挪用太一热力公司款项到关联公司放贷牟利，系太一热力公司与关联公司之间如何给付利息的问题，与居立门业公司无关。因此，一审判决判令太一热力公司给付自 2010 年 7 月 11 日起至实际付清之日的利息，缺乏事实和法律依据，二审法院予以纠正。遂最终判决如下：（1）撤销一审判决；（2）太一热力公司于本判决生效后 10 日内给付居立门业公司盈余分配款 16313436.72 元；（3）太一热力公司到期不能履行上述给付义务，由李某某承担赔偿责任；（4）驳回居立门业公司的其他诉讼请求。

二、以案说法

本案争议焦点在于：（1）太一热力公司是否应向居立门业公司进行盈余分配；（2）如何确定居立门业公司应分得的盈余数额；（3）太一热力公司是否应向居立门业公司支付盈余分配款的利息；（4）李某某是否应对太一热力公司的盈余分配给付不能承担赔偿责任。

本案的核心争议焦点在于太一热力公司是否应当向居立门业公司进行盈余分配。通常情况下，公司在运营过程中会产生可分配的税后利润。此时，股东之间可能会存在分歧：一部分股东可能希望将这些盈余留作公司的运营资金，以期在未来获得更大的收益；而另一部分股东则倾向于及时分配利润，以实现其投资回报。这种分歧本质上属于公司内部治理的范畴，应当由股东会通过决议来确定是否进行盈余分配以及分配的具体比例。然而，在本案中，情况有所不同。太一热力公司的全部资产已被整体收购，且之后并无其他经营活动。一审法院的司法审计结果显示，太一热力公司清算后的净收益高达 75973413.08 元。即便扣除双方存在争议的款项，公司仍有巨额的可分配利润。这意味着，太一热力公司具备进行盈余分配的前提条件。值得注意的是，李某某同时担任太一热力公司及其控股股东太一工贸公司的法定代表人。他未经居立门业公司的同意，将高达 5600 万余元的公司资产转让款转入兴盛建安公司的账户。这种行为显然涉嫌转移公司利润，严重损害了居立门业公司的利益。这种滥用股东权利的行为已经超出了公司内部治理的范畴，需要司法介入进行干预。此外，关于股东盈余分配的救济权利，相关司法解释并未规定必须以股权回购、公司解散、代位诉讼等其他救济措施为前提。居立门业公司有权根据自己的利益考量，选择最合适的救济路径。

综上所述，鉴于太一热力公司具备盈余分配的前提条件，且其控股股东存在滥用股东权利、转移公司利润的行为，太一热力公司应当向居立门业公司进行盈余分配。这是保护居立门业公司合法权益的必然要求，也是维护司法正义和公司治理秩序的应有之义。

三、专家建议

公司盈余分配作为公司的内部自治事项，在司法实践中，法院往往会遵循"谨慎干预"的原则。这意味着，在大多数情况下，法院会尽量避免直接介入公司内部事务，特别是在股东之间能够通过协商、调解或其他途径解决争议时。这一原则的核心在于尊重公司的自治权，确保公司能够按照自身的经营策略和发展规划进行盈余分配。然而，当控制公司的股东滥用其权利，损害其他股东的利益时，法院可能会考虑介入。因此，在制定盈余分配方案时，公司应充分考虑各方利益，确保方案既公平又合理。同时，公司还应尊重所有股东的权益，避免任何形式的权利滥用。对于小股东而言，应积极参与到盈余分配方案的制定过程中，并提供充分的证据来证明方案的合理性，并在纠纷发生时及时寻求法律援助和专业法律建议，以维护自己的合法权益。

四、关联法条

《中华人民共和国公司法》第四条、第二十一条、第二十二条、第一百八十八条；《最高人民法院关于适用〈中华人民共和国公司法〉若干问题的规定（四）》（2020年修正）第十四条、第十五条。

第六章　对赌协议纠纷

对赌协议的效力

对赌协议的效力一直是业界争议的焦点。一方面，它保障了投资者的利益，让他们在创业企业的成长之路上能够有所保障；另一方面，它也可能成为创业者发展路上的一块绊脚石。这场看似平等的博弈，背后隐藏着怎样的利益博弈和法律挑战？

一、案例简介

（一）基本案情

三建集团公司成立于2001年3月，经历股东变更，至2016年9月，三建控股公司持有其73.0533%的股份。2016年9月26日，徐某某与三建集团公司签订《股份认购协议》，认购3445900股，认购价为50000009元。随后，三建集团公司、三建控股公司和徐某某订立《股份认购补充协议》，设定了赎回条件，包括公司未能在2018年底前完成IPO或放弃上市计划等情况。如果条件触发，徐某某有权要求三建控股公司回购其股份，赎回价格为融资价格的100%加上12%的年回报率。

2019年8月26日，徐某某委派代表与三建控股公司和三建集团公司的法定代表人黄某某会谈，形成《会议纪要》，三建控股公司同意回购徐某某持有的全部股份。2019 年 10 月 24 日，徐某某与三建控股公司签订《股权转让协议》，转让价为 65796341.63 元。随后，徐某某与三建控股公司和三建集团公司订立《股权转让补充协议》，明确了转让价款的支付时间和违约责任，并终止了之前的《股份认购协议》及《股份认购补充协议》。三建控股公司未能按照约定支付剩余款项，徐某某遂起诉至法院。①

（二）法院裁决

1. 一审判决

一审法院认为，协议中约定了"触发赎回条件"、股权赎回价格的计算、赎回的主体等内容，据此足以认定该协议系"对赌协议"。在三建集团公司发行股份的过程中，公开披露的信息"不存在对赌"。徐某某与三建控股公司在对外宣称不存在对赌的情形下，私自订立对赌协议即《股份认购补充协议》，属恶意串通。出于投资者也应承担一定风险的原则及利益总体平衡原则，结合当事人故意隐瞒订立协议之事实，一审法院认定《股份认购补充协议》出现了《中华人民共和国合同法》（已废止）第五十二条规定的第（二）种合同无效之情由。徐某某、三建控股公司订立的《股权转让协议》及徐某某、三建控股公司和三建集团公司之间订立的《股份认购补充协议》《股权转让补充协议》无效，徐某某依照《股权转让协议》《股权转让补充协议》主张股权转让款及逾期付款利息的诉讼请求，不予支持。

2. 终审判决

二审法院认为，此类对赌协议只要主体合格，当事人意思表示真实，内容不违反合同法、公司法及其他法律、行政法规的强

---

① 详可参见（2021）苏 06 民终 783 号民事判决书。

制性、禁止性规定，即应确认有效。具体到本案，首先，我国相关法律法规中并无禁止非上市公众公司对赌的规定，且案涉对赌协议系投资者和目标公司股东之间对赌，并不会损害目标公司利益和债权人利益。《股份认购补充协议》应认定为合法有效，是各方真实意思表示，且不违反法律、行政法规强制性、禁止性规定，亦应合法有效，各方应全面、及时地履行合同义务。二审改判南通三建控股有限公司于本判决生效之日起 15 日内给付徐某某股权转让款 52637075.1 元及逾期付款利息。

二、以案说法

对赌协议是一种特殊的合同形式，它是指当事人约定在未来某一特定事件发生时，根据事件的结果来确定各方的权益和义务。对赌协议的有效性是本案的争议焦点，对赌协议本身的效力历来存在争议，下面仅从合同生效的条件和合同无效的情形两个方面展开论述对赌协议的有效性。

首先，对赌协议需要满足合同生效的条件。根据《中华人民共和国民法典》（以下简称《民法典》）的规定，依法成立的合同，自成立时生效，但是法律另有规定或者当事人另有约定的除外。但对赌协议中的回购条款往往会由对赌协议当事人约定一些特定的条件，当触发这些条件时，回购义务才会被触发。因此，对赌股权回购行为是附生效条件的民事法律行为，自条件成就时生效。

其次，对赌协议的有效性还需要考虑是否存在合同无效的情形。根据《民法典》的规定，在认定对赌协议是否无效时要考虑以下情形：对赌协议一方当事人是否属于无民事行为能力人；行为人与相对人是否存在虚假的意思表示；对赌协议是否违反法律、行政法规的强制性规定，违反法律、行政法规的强制性规定的对赌协议无效，但是，该强制性规定不导致该民事法律行为无效的除外，比如，对赌协议的某一条款违反了管理性规定，但如果该条款可以被视为是当事人之间的真实意思表示，且并未违反法律的效力性强制性规定，那么该条款仍然可能是有效的，只有违法了效力性强制性规定的对赌协议才必然无效；对赌是否违背公序良俗；行为人与相对人是否存在恶意串通，损害他人合法权益；还要考虑格式条款无效的情形，例如，提供格式条款一方不合理地免除或者减轻其责任、加重对方责任、限制对方主要权利，或者排除对方主要权利的格式条款无效。如果对赌协议的某一条款违反了这些规定，那么该条款将被认定为无效。

综上所述，对赌协议作为一种合同形式，其有效性需要满足合同生效的条件且不存在合同无效的情形。当事人在签订合同时应当自主选择合同内容，并且双方自愿达成协议，法律应当尊重当事人的意愿，保护其合法权益。

三、专家建议

在签订对赌协议时，首先要充分保证协议的有效性，对赌协议应当具有明确的条款，包括但不限于对赌目标、计算方式、达成条件、违约责任、补偿方式等，关键条款应当详细阐述，避免产生歧义。对赌协议的内容必须符合法律法规的强制性规定，不得违反公序良俗或者存在其他导致协议无效的情形。对赌协议也应当具备可执行性，即协议中的条款能够在实际操作中得到执行。对赌协议的内容还应当公平合理，保证双方的权益。必要时，在起草和签订对赌协议的过程中，可以聘请专业的法律顾问参与，以确保协议的合法性和有效性。

四、关联法条

《中华人民共和国民法典》第一百三十六条、第一百四十三条、第一百四十四条、第一百四十六条、第五百零二条。

投资者可以与目标公司对赌吗

常见的对赌协议一般都是投资者与目标公司股东或者实际控制人之间达成的，也就是在触发对赌条件后，由目标公司的股东或者实际控制人承担相应的股权回购或者补偿责任。但是，有的投资者为了进一步降低投资风险，会将目标公司也作为对赌的主体，这其中又有哪些风险呢？

一、案例简介

（一）基本案情

2011年7月6日，华工公司与扬州锻压机床集团有限公司（以下简称扬锻集团公司）等多方签订《增资扩股协议》，华工公司以2200万元人民币增资扬锻集团公司。同日，华工公司、扬锻集团公司及其他股东签订《补充协议》，约定若扬锻集团公司在2014年12月31日前未上市或发生重大变化，华工公司有权要求扬锻集团公司回购其股份。回购价格按照特定公式计算，包含原投资额、年化8%的利息和扣除已分红金额。《补充协议》还规定了回购流程、违约罚息和连带责任。2012年11月至2014年4月，由于证监会暂停IPO申报，扬锻集团公司在2014年10月16日召开股东大会决定申报新三板，并于10月22日询问华工公司是否支持此决定。因扬锻集团公司未能在规定时间内上市，华工公司于2014年11月25日书面要求扬锻集团公司回购其股份。后因扬锻集团公司未能回购华工公司持有的股份，华工公司提起本诉。[①]

（二）法院裁决

1. 一审判决

一审法院认为，案涉股权回购约定因违反《中华人民共和国公司法》（以下简称《公司法》）禁止性规定且违背公司资本维持和法人独立财产原则而无效。

2. 终审判决

二审法院认为，相关法律和扬锻集团公司章程均明确公司不能从事该回购事宜，否则明显有悖公司资本维持这一基本原则和法律有关规定，故一审认定回购约定无效依据充分。

二审判决生效后，华工公司向江苏省高级人民法院提起了再审，再审法院撤销了一审和二审的判决，认为案涉对赌协议效力应认定有效。扬锻集团公司履行法定程序，支付股份回购款项，并不违反《公司法》的强制性规定，亦不会损害公司股东及债权人的利益。因此，再审法院认定目标公司参与的对赌协议有效。

二、以案说法

目标公司作为对赌主体的有效性经历以下几个阶段：

（一）《全国法院民商事审判工作会议纪要》（以下简称《九民纪要》）之前的司法判例演变阶段

从 2012 年的海富案到 2019 年出台的《九民纪要》之前，对赌协议纠纷司法实践中，法院关于对赌协议纠纷的裁判规则主要分为三个阶段，分别对应三个典型案件：

---

① 详可参见（2017）苏 10 民终 2380 号民事判决书。

1. 与股东对赌有效，与目标公司对赌无效

2012 年，在海富案［案号:（2012）民提字第 11 号］中，最高人民法院认为股东对于投资方的补偿承诺未损害公司及债权人的利益，不违反法律法规的禁止性规定，是当事人的真实意思表示，是有效的。但是目标公司对投资方的补偿脱离了目标公司的经营业绩，损害了公司利益与公司债权人利益，因此是无效的。该案例确立了"与股东对赌有效，与目标公司对赌无效"的基本原则，后续几年各地法院大部分都以此作为裁判的参考依据。

2. 目标公司为其股东的回购提供担保的行为有效

2018 年，最高人民法院对四川瀚霖再审案[①]作出判决，认为投资人强某某的投资全部用于公司经营发展，符合公司全体股东的利益，瀚霖公司本身是最终的受益者。因此，认定瀚霖公司承担担保责任，符合一般公平原则。该案在坚持"与股东对赌有效，与目标公司对赌无效"裁判规则的基础上，明确了目标公司可以为股东回购行为提供担保，从而平衡了目标公司、股东、投资方以及债权人之间利益。

3. 与目标公司对赌有效

2019 年，江苏省高级人民法院对华工案作出判决，法院认为我国《公司法》并不禁止有限责任公司回购本公司股份，有限责任公司回购本公司股份不当然违反我国《公司法》的强制性规定。有限责任公司在履行法定程序后回购本公司股份，亦不会损害公司股东及债权人利益，亦不会构成对公司资本维持原则的违反。华工公司、扬锻集团公司及扬锻集团公司全体股东关于华工公司上述投资收益的约定，不违反国家法律、行政法规的禁止性

---

① 详可参见（2016）最高法民再 128 号民事判决书。

规定，不存在《中华人民共和国合同法》（以下简称《合同法》）第五十二条规定的合同无效的情形，亦不属于《合同法》所规定的格式合同或者格式条款，不存在显失公平的问题。目标公司履行法定程序，支付股份回购款项，并不违反公司法的强制性规定，亦不会损害公司股东及债权人的利益。因此投资方华工公司与目标公司扬锻集团公司签订的对赌协议有效。

（二）《九民纪要》出台明确对赌规则

2019 年 11 月 8 日，最高人民法院正式发布《九民纪要》，《九民纪要》对"对赌协议"的效力及履行问题进行了明确：投资方与目标公司的股东或者实际控制人签订对赌协议，在不存在法定的无效事由的情况下，应当认定对赌协议是有效的。

（三）2023 年修订的《中华人民共和国公司法》（以下简称新《公司法》）生效后的变化

为保障公司的资本维持原则，《九民纪要》规定，股份回购型对赌得到法院支持的前提，是目标公司必须已经完成减资程序。新《公司法》第二百二十四条第三款规定："公司减少注册资本，应当按照股东出资或者持有股份的比例相应减少出资额或者股份，法律另有规定、有限责任公司全体股东另有约定或者股份有限公司章程另有规定的除外。"这在一定程度上提高了投资者定向减资公司内部决议的难度。

三、专家建议

投资者在设置对赌条款时，需要在保证公平合理的前提下，做好以下几点：

一是可以将目标公司股东或实际控制人作为对赌主体，由公司股东或实际控制人承担回购或补偿义务，在目标公司股东或实际控制人无法以现金进行回购或补偿时，还可以约定投资人有权选择要求目标公司股东或实际控制人以股权或其他形式进行补偿。

二是将目标公司作为对赌主体时，需要在投资协议或对赌协议中明确回购的具体程序，保障减资程序和回购程序符合法律规定，比如，在投资有限公司时，在投资协议等文件中明确全体股东一致同意在触发回购条款时，目标公司可以向投资者定向减资；在投资股份公司时，修订公司章程，在章程中明确何种情形下目标公司可以对投资者进行定向减资，并且约定改条款的修订须经投资者同意。

三是可以约定由目标公司对目标公司股东或实际控制人的回购义务承担担保责任，但是在新《公司法》下，股份公司为股东或实际控制人的回购义务提供担保，需要满足一定条件，新《公司法》第一百六十三条第一款规定："公司不得为他人取得本公司或者其母公司的股份提供赠予、借款、担保以及其他财务资助，公司实施员工持股计划的除外。"第二款规定了特定例外情况，经有效股东会决议或董事会决议，目标公司可以在已发行股本的10%范围内提供财务资助。因此，需要约定股份公司在为目标公司股东或实际控制人的回购义务提供财务担保的决议程序或提前做出相关决议。

四是还可以约定目标公司未按期完成回购的违约责任。

四、关联法条

《中华人民共和国公司法》第三十四条、第五十九条、第六十七条、第二百二十四条、第一百六十三条、第二百二十四条。

管理权对于对赌协议的履行有何影响

多数的财务投资者在签署投资协议时，并不要求实际参与目标公司的实际经营管理当中，但是有的投资者除要求获得一般股东权利之外，还要求参与目标公司的经营管理，甚至要求指派或者更换管理团队，这样一来，投资者对目标公司的经营业绩表现就有重大影响。这种情形下，如果目标公司没有完成既定的业绩对赌条件，投资者可能负有一定责任，在触发回购或者补偿条款时，法院可能会考虑在投资者和其他股东以及目标公司之间进行责任分配。

一、案例简介

（一）基本案情

原告某国际旅行社由被告郑某某独资成立有限公司（自然人独资），后引入第三人作为新股东，之后第三人与案外人 A 公司签署《股权转让协议》，约定业绩承诺期内的净利润目标，并规定若未达标，被告需向公司补足亏损金额。在业绩承诺期内，被告被免去执行董事和总经理职务，由第三人接任。后因业绩指标未能实现，原告某国际旅行社起诉被告要求承担业绩补偿。①

---

① 详可参见（2022）沪 0101 民初 4330 号民事判决书。

（二）法院裁决

一审法院认为，在协议履行过程中，被告被免除执行董事、总经理职务，被关闭所有业务权限，也不再担任法定代表人后，无法参与和控制原告公司的运营，由其对原告公司经营业绩不达预期承担补偿责任的约定将丧失继续履行的基础，如仍由被告承担经营业绩不达标的补偿，明显加重了被告所应承担的风险，有悖《中华人民共和国公司法》（以下简称《公司法》）基本原理。被告失去对原告的经营管理权，能否实现业绩目标处于不确定状态，业绩承诺指标已完全无法履行，不能实现合同目的，相关业绩承诺应当解除。对于被解除职务之前的职务行为，因被告依约享有对原告公司的经营管理权，亦实施了经营管理行为，对公司业绩产生了影响，被告未能实现业绩目标与其任职期间的行为直接相关。因此，业绩承诺条款在被告任职期间有效，对于解除职位之前的原告业绩，被告仍需承担责任。被告对于任职期间的经营亏损负有补足的义务。法院判决，被告郑某某应于判决生效之日起 10 日内支付原告某国际旅行社业绩亏损补偿款 1084513.74 元。

二、以案说法

投资者完成对目标公司的投资，成为目标公司股东后，依法享有并有权行使《公司法》所赋予的表决权、知情权等股东权利，投资者行使其作为股东的权利一般不会影响对赌的履行和实现，投资者只有过度干预公司管理影响公司经营的，或者构成恶意促使回购条件成就的，才可能会影响投资者回购权的实现。

投资者在无法确定当期被投资企业股权价值的情况下，为规避对目标公司未来发展的不确定性及收购股权时信息不对称风险，为促成投资而设计的先行投入、期满调整的投资合同条款，是投资市场普遍采用的一种灵活定价并调整的投资机制。为避免被收购方和其实际控制人、原股东披露不实信息，规避投资风险，遂利用估值调整机制设置对赌条款，要求被收购方或其实际控制人、原股东对目标公司业绩作出一种承诺，在约定期限届满时，当目标公司实际业绩未达到承诺标准时，承诺人需依照约定进行"股权回购"或"差额补足"，进而实现收购价格的调整。影响目标公司业绩的因素固然很多，但目标公司的经营管理权无疑是其中最为直接的因素，可以说，经营管理的好坏直接影响目标公司的业绩表现，即业绩是经营的直接后果，具有经营权才能掌控业绩。因此，为避免承担对赌失败的责任，融资方自然希望继续主导目标公司的经营决策，利用其管理优势兑现业绩承诺，实现融资目的。融资方与投资方在签署业绩承诺条款时，均会约定由融资方继续维持对目标公司的经营管理权。因为由融资方继续掌控目标公司的经营管理权，方能控制目标公司未来的经营风险及实现承诺的目标公司业绩，由此也降低了投资方的投资风险，将经营不善的风险交由融资方，由融资方承担业绩差额的补偿责任，这符合对赌双方的利益驱动，也符合双方业绩对赌的初衷。对赌协议在约定融资方继续掌控目标公司经营管理权的同时，也往往会将一些经营决策管理权和监督权分享给投资方，但无论如何约定，均不应影响甚至剥夺原股东及管理层对目标公司的实际经营管理的权利。如果在实际运作中，投资方深度介入到公司经营管理中，进而影响到目标公司的经营业绩，甚至发生原股东不能控制公司经营等情形时，可能构成违约行为，原股东可以此抗辩系投资方原因或者双方原因导致目标公司业绩不能达标，其无须再承担或只部分承担对赌责任。只有当目标公司的经营活动仍处在融资方的控制之下，公司业绩能否实现更依赖于原股东自身的经营活动，若目标公司在约定期限内未实现业绩承诺，理应归责于目标公司自身管理不善时，此时，如果对赌条款被触发，原股东才应承担相应的对赌责任。

三、专家建议

业绩实现与目标公司的经营权有密切关系，且在司法实践中有不同理解，建议在签署投资协议或者对赌协议时，协议各方应密切关注公司治理条款，承担对赌义务的原股东或者实际控制人应当保证能够取得目标公司的实际经营管理权，谨慎设置投资人的一票否决权，以便于按照既定的计划实现预定的对赌业绩指标等，建议明确投资者参与公司管理的具体范围，并明确投资者干预经营的法律后果，比如减轻承担对赌义务的股东的义务和责任。而投资者则要慎重选择参与目标公司的经营决策，避免过度参与目标公司的经营管理，或者恶意促成对赌条件触发，否则可能因此承担相应的法律责任。

四、关联法条

《中华人民共和国民法典》第一百五十九条、第五百零九条、第五百七十七条、第五百八十条。

对赌回购款及业绩补偿的司法认定标准

对赌协议如果同时约定了回购款和业绩补偿，投资者能否全部如愿以偿地尽收囊中？

一、案例简介

（一）基本案情

合伙企业蓝海济世与吉林森工集团签订《股权转让合同》，约定若触发特定条件，吉林森工集团须回购其持有的银港人造板公司股权。2017 年，银港人造板公司未达预定净利润目标，触发回购条件。吉林森工集团因资金困难，未能按期全额回购，仅支付 3 亿元。蓝海济世合伙企业因此起诉吉林森工集团，要求履行合同义务。诉讼中，吉林森工集团以违约金过高为由，请求一审法院一并将投资溢价的 10% 年利率及日万分之五计算的违约金调减至年利率 24%。①

（二）法院裁决

1. 一审判决

一审法院认为，本案系股权转让纠纷，《股权转让合同》第 2.3 条约定双方当事人均确认本次交易的类型为股权转让，第 5.2 条关于吉林森工集团逾期支付股权转让价款的，应当按应付未付

---

① 详可参见（2019）最高法民终 1642 号民事判决书。

款项的日万分之五支付违约金的约定亦清晰、明确,故吉林森工集团请求按照《最高人民法院关于审理民间借贷案件适用法律若干问题的规定》中有关民间借贷利率不得高于年利率24%的规定,对本案投资溢价率及违约金进行调减,既与合同约定不符,也不属于上述司法解释规定的调整范围,故该院对吉林森工集团的该项辩解不予采纳。

2. 终审判决

最高人民法院认为,本案为股权投资纠纷,并非民间借贷纠纷,股权投资收益与民间借贷的利息等收益存在本质差别。案涉双方均系成熟、专业的商事交易主体,对交易模式、风险及其法律后果应有明确认知。对于该项自愿达成且合法有效之约定,双方应当遵守。虽然本案投资溢价率与违约金标准合计为年利率28.25%,相对于目前《最高人民法院关于审理民间借贷案件适用法律若干问题的规定》规定的利率保护上限24%稍高,但考虑本案并非民间借贷纠纷,一审法院未按此进行调整,并不属于适用法律错误的情形,本院对此予以维持。

二、以案说法

对赌回购通常发生在股权投资领域,因此,其本质应当是投资行为,回购实际上也是一种股权转让行为,投资者与原股东或者实际控制人等约定的回购款只要属于双方的真实意思表示就应当支持。但是,在司法实践中存在很多案例对股权回购的金额进行调整,其逻辑在于平衡投资者和原股东之间的利益。投资者与承担对赌义务的原股东约定固定收益条款,在触发股权回购的情况下,原股东需要向投资者支付投资本金及高额利息,在这种情形下,投资者可以承担低风险并获取高收益。而对于原股东而言,一旦触发回购条款，将面临高额的回购成本。这种约定有违《中华人民共和国民法典》确定的公平原则，双方的权利义务明显处于不对等的状态，所以法院会对投资者所主张的金额进行调整。司法实践中，法院一般会参照适用《最高人民法院关于审理民间借贷案件适用法律若干问题的规定》（法释〔2015〕18号）或者《最高人民法院关于进一步加强金融审判工作的若干意见》的规定，其中适用《最高人民法院关于审理民间借贷案件适用法律若干问题的规定》调整回购款的案例，由于最新民间借贷司法解释中利率保护上限调整为4倍LPR，法院可能会参照该标准下调投资溢价及逾期付款违约金的总体金额。

另外，司法实践中对于同时主张回购款和业绩补偿的，法院的判决结果也不尽相同。有的法院认为回款款和业绩补偿触发的条件都是由于对赌条件没有实现，而且回购款的前提是退出目标公司，而业绩补偿的前提是仍作为目标公司股东，两者之间存在逻辑上的矛盾，因此，法院不支持同时主张回购款和业绩补偿。而有的法院则支持了两者同时主张的情形，比如在2019渝01民初781号案件中，法院认为现金补偿款属于目标公司向股东分红及目标公司未完成约定的利润时应向投资者支付的业绩补偿款，与股权回购款属两个不同的法律关系，故对投资者要求原股东同时支付现金补偿及股权回购价款的诉讼请求，法院予以支持。在回购款和业绩补偿的触发条件和行权时间均不同的案例中，法院也同时支持了投资者对于回购款和业绩补偿的主张。

三、专家建议

虽然较高的回购款标准存在被法院下调的法律风险，但在签署协议时可以根据实际情况设置高于民间借贷利率上限的计算标准，因为实践中也有法院支持当事人之间的自由约定。另外，针对业绩补偿与股权回购的对赌条件、行权时间做出不同的约定，避免业绩补偿与股权回购的对赌条件和行权时间发生重合，以提高被法院同时支持的概率。

四、关联法条

《中华人民共和国民法典》第六条;《最高人民法院关于审理民间借贷案件适用法律若干问题的规定》（法释〔2015〕18 号）第三十条;《最高人民法院关于进一步加强金融审判工作的若干意见》第二条。

第七章　股份回购纠纷

股份回购的前提条件有哪些

这里的股份回购指的是有限公司和股份公司的异议股东依据《中华人民共和国公司法》（以下简称《公司法》）规定请求公司以合理价格回购异议股东持有的公司股权，《公司法》规定了异议股东要求公司行使股权回购义务的条件及情形，主要是为了保护异议股东的利益，尤其是少数股东的利益。

一、案例简介

（一）基本案情

2004年，毛某和郑某某共同出资成立华宁公司，持股比例分别为55%和45%。公司章程规定股东对外转让需半数股东同意，否则其他股东应购买其股份，不购买的视为同意转让。郑某某计划将15%股份转让给邱某某，并通知毛某。邱某某与郑某某签订《投资合作协议书》，但华宁公司未变更股东名册及工商登记。2006年9月，邱某某以《投资合作协议书》未经华宁公司许可以及其他股东追认等为由，起诉要求郑某某返还投资款。在其他案件中，法院认为，华宁公司没有办理股东名册变更登记，邱某某不享有华宁公司的股权。《投资合作协议书》实为股权转让合同，合同有效；股权转让书面通知了股东毛某并经毛某同意且邱某某无权单方解除合同，故判决邱某某败诉。2008 年，华宁公司因财务问题将公司主要资产转让给姜某某。邱某某认为此举侵犯其权益，要求公司以 100 万元回购其股权。[①]

（二）法院裁决

1. 一审判决

一审法院认为，邱某某签订股权转让合同后，既未及时将其已经实际、全面履行了出资义务的情况以及其本人的身份证明情况告知华宁公司，要求公司为其办理股东名册变更登记，或在华宁公司无正当理由拒绝办理变更登记手续的情况下，依法诉诸法院责令华宁公司履行办理变更登记的法定义务或依法提起确认股东资格的确认之诉，因此，邱某某受让郑某某 15%公司股份并实际出资 100 万元后，未再继续履行股权转移过户的法律义务属实，其依法尚不能成为华宁公司的股东，不能承继转让方郑某某在华宁公司的股东权益。由于邱某某不具备公司股东资格而败诉。

2. 终审判决

二审法院认为，邱某某以华宁公司转让主要财产损害其权益为由提起股份收购请求权诉讼，不具备公司法规定的实体条件。鉴于邱某某亦无证据证明其已取得华宁公司股东资格，故邱某某的诉讼请求与《公司法》规定的要件亦不相符。二审驳回上诉，维持原判决。

二、以案说法

提起股份收购请求权诉讼必须同时具备主体和程序两方面的

---

① 详可参见（2009）皖民二终字第 0011 号民事判决书。

要件：实体上，必须具备股东资格且对股东会相关决议投反对票的股东，才能提起该项诉讼；程序上，公司股东应在法定期限内先行与公司协商以合理价格收购其股权，协商不成后再提起诉讼。2023 年修订的《公司法》规定公司的控股股东滥用股东权利，严重损害公司或者其他股东利益的，其他股东有权请求公司按照合理的价格收购其股权；公司与其持股 90% 以上的公司合并，其他股东有权请求公司按照合理的价格收购其股权或者股份。符合上述两种情形的股东请求公司回购股权的不需要上述两个程序条件。

另外，需要注意的是，股权转让合同的生效与股权转让的权属变动生效实属两个不同的法律范畴，前者对合同当事人邱某某和郑某某具有法律约束力并在双方之间形成合同上的权利义务关系，后者则涉及股权何时发生转移即邱某某何时取得股东身份并继受股东资格的法律问题。邱某某在股权转让合同生效及履行出资义务后，仍需履行通知华宁公司办理股东名册变更登记和工商变更登记手续的法定义务，邱某某股东资格的取得不因其与郑某某订立的股权转让合同的生效而自动发生股权变动的法律后果。故此，原告未能准确厘清股权变动效果与股权转让协议效力之间的关系，其于本案诉讼中提出的与郑某某签订的股权转让合同生效后其本人即成为华宁公司股东的诉讼主张，没有法律依据和事实依据。所以，在进行股权转让交易时，股权转让协议中应当明确股东名册变更及工商变更登记的程序以及相应的违约责任，很多人往往忽视股东名册的重要性，新的《公司法》进一步明确了股东名册的重要性，明确要求有限公司应当置备股东名册，记载于股东名册的股东，可以依股东名册主张行使股东权利。股东转让股权的，应当书面通知公司，请求变更股东名册；需要办理变更登记的，并请求公司向公司登记机关办理变更登记。公司拒绝或者在合理期限内不予答复的，转让人、受让人可以依法向人民法院提起诉讼。股权转让的，受让人自记载于股东名册时起可以向公司主张行使股东权利。所以在股权转让时，股东名册的记载重要性甚至要高于工商变更登记，股东权利的取得是以记载于公司股东名册为准的。

三、专家建议

只有具备股东资格的主体才可以行使股份收购请求权，受让人在签订股权转让协议时，除了约定股权转让的数量、对价等，还需要明确约定公司在规定时间内将受让人及其受让股权记载于公司的股东名册，还可以约定转让方对公司未按照规定时间变更股东名册的行为承担违约责任，促使转让方协调处理相关变更。当然转让方和受让方都可以按照《公司法》相关规定对公司提起诉讼，要求公司作出变更。股东提起股份回购请求权诉讼还必须具备两个前提条件：一是对股东会法定的决议事项投反对票；二是起诉前异议股东应在法定期限内先行与公司协商以合理价格收购其股权，协商不成后再提起诉讼，异议股东在提起诉讼前，需要准备好上述相关证据。

四、关联法条

《中华人民共和国公司法》第八十九条、第五十六条、第八十六条、第八十七条、第一百零二条。

回购价格如何确定

《中华人民共和国公司法》（以下简称《公司法》）规定，对于符合条件的股份回购请求权，公司应当以合理价格收购异议股东的股权，但是并没有明确规定合理价格如何确定。根据司法实践，法院认定回购价格时，一般会由当事人先行协商确定，无法协商一致的，法院通常根据当事人的申请委托第三方鉴定机构对案涉公司进行财务审计、资产评估，确定公司的净资产，以公司净资产作为判断股权价值的标准。

一、案例简介

（一）基本案情

创联公司有 3 名股东，原告李某某持股 30%，凌某持股 25%，蒋某某持股 45%，后两者为夫妻。原告因创联公司未召开股东会、未分配利润等问题，曾提起诉讼，要求回购股权，随后，原告撤回该次请求公司回购股权之诉。原告曾多次提议或自行通知召开临时股东会，但都被公司以各种理由拒绝。原告再次诉至法院，要求判决支持其请求。①

---

① 详可参见（2020）鲁民终 2461 号民事判决书。

（二）法院裁决

1. 一审判决

在一审法院释明不配合审计、评估的不利后果之后公司仍多次拒绝提供财务账册、拒绝配合审计导致法院委托的审计单位无法作出无保留意见的正式审计报告，在评估单位无法对股东持有的股权的价格作出准确评估的情况下，一审法院按照原告诉请的金额支持了原告主张。

2. 终审判决

二审法院认为，对于股权的收购价格，首先要看公司章程中是否有规定。若没有规定，则各方可协商确定。在协商不能的情形下，法院可以指派第三方中介机构对公司的净资产进行审计，以净资产为计算标准，计算异议股东的股权收购价格。本案中，一审法院据此委托审计评估，符合法律规定。在审计单位无法作出无保留意见的正式审计报告而导致评估单位无法对李某某股权价格作出准确评估的情况下，一审直接按照李某某起诉时的诉讼请求金额认定回购价格，并无不当。二审法院判决：驳回上诉，维持原判。

二、以案说法

经查阅相关司法判例，在确定异议股东股权回顾的合理价格时，法院通常会遵循以下原则。

（一）有约定的优先从约定

《公司法》虽然没有明确合理价格的具体确定方式，但是规定了自股东会决议作出之日起 60 日内，股东与公司可以自行达成股权收购协议，不能在规定时间内协商一致的，异议股东才能向法院提起诉讼。所以对于回购价格的确定仍然是优先以股东和公司的协商结果为准，如果在公司章程或者股东协议等协议中如果事先明确了异议股东回购的合理价格的定价方式，法院一般会按照事先约定进行裁判。

（二）没有约定的一般参考审计评估结果

"合理价格"并非一定需要通过评估程序确定，但法院在无其他依据的情况下会将评估价格作为重要的参考。部分地方法院还通过文件直接肯定了对评估确定收购价格的方式，如《山东省高级人民法院关于审理公司纠纷案件若干问题的意见（试行）》第八十三条规定："股东依照《公司法》第七十五条（2023年后修订后为第八十九条）之规定要求公司收购股权，但就股权收购价格不能协商一致的，股东主张以评估方式确定股权收购价格的，人民法院应予支持。"但是在评估制度的具体适用上各地法院也存在不同的理解和认识，主要是体现在评估方法和评估基准日两个方面。在这些评估方法中，净资产价值法获得了法院较高的接受度。该方法以公司的净资产为基础，即公司的总资产减去总负债，涵盖了公司的注册资金、资本公积、未分配的盈余等要素，能够较为综合地评估出股份的价值。但对于评估日的确定分歧较大，实践中，一般有股东会决议之日、异议股东请求收购之日、工商变更登记之日、异议股东起诉之日等。异议股东的回购请求权是形成权，依据形成权的性质，评估基准日应该是请求回购日。但是，笔者认为也要结合异议股东反对事项做出调整，因为异议事项可能会导致公司价值的变化，比如转让主要财产，可能导致公司价值下降，而公司合并，可能导致公司价值提高。异议股东本就系因否定转让主要财产或者合并、分立而提出公司回购其股权，所以公司转让主要资产或者合并、分立的后果不应当由异议股东承受，否则异议股东就不必要求公司回购其股权了。在股东会作出决议到异议股东提出回购申请时，公司处置资产、合并、分立等行为可能已经产生了，这个时候就可考虑将股东会决议之日作为评估基准日。

（三）无法完成审计评估的处理

如果股东不掌握公司财务资料且公司不配合提供资料进行评估而致评估不能，司法机关在已穷尽了价格认定程序情况下，可能会根据公平原则参考股权取得价格，结合其他可以掌握的公司的资产负债情况，酌定合理价格。也可能会在无法作出准确评估的情况下，直接将原告主张的金额确定为"合理价格"。

三、专家建议

作为小股东在公司设立之初最好能够在公司章程或者股东协议中明确异议股东股权回购时的价格计算方式，否则，确定股权回购的合理价格将面临很大的不确定性。而公司在面临异议股东提出的回购请求时，也应当充分考虑小股东的合法权益，尽量与小股东协商处理回购事宜，即使对于回购价格无法达成一致的，也应当在应诉过程中积极提供审计评估所需要的相关材料，否则，法院可能会根据公平原则酌定回购的合理价格，甚至可能会直接支持异议股东提出的主张。

四、关联法条

《中华人民共和国公司法》第八十九条、第一百六十一条、第二百一十九条。

未实缴出资的股东能否要求股份回购

股东必须在约定的时间内向公司缴纳其认购的出资额，这是股东作为公司出资人的基本义务。并且《中华人民共和国公司法》（以下简称《公司法》）也明确规定，股东出资后不得抽逃出资，抽逃出资的股东应当返还抽逃的出资，给公司造成损失的，负有责任的董事、监事、高级管理人员应当与该股东承担连带赔偿责任。如果股东未能按时足额缴纳出资或者抽逃出资，将会对其在公司中的权利产生一定的影响。

一、案例简介

（一）基本案情

黄某认缴出资额 100 万元，持有永道公司 20% 股权，在向公司出资后第二天就将出资款转出。黄某请求法院判令永道公司按照合理的价格收购原告持有的永道公司 20% 的股权，并支付股权收购款。①

（二）法院裁决

1. 一审判决

一审法院经审理查明，黄某的出资存在抽逃行为，认为永道公司的股东在增资后确存在将增资款全部抽逃的事实，在永道公

---

① 详可参见（2020）鲁民终 2461 号民事判决书。

司已提交证据证明返还了黄某或正祥公司支付的全部款项的情况下，黄某主张其已实际履行补足出资义务，要求永道公司回购其股权的诉讼请求不能成立，一审法院不予支持。

2. 终审判决

二审法院认为，黄某存在抽逃出资的行为，且并未补足出资款，故黄某应当承担相应责任，与其股权相对应的相关权利的行使也应受到相应限制。因此，黄某关于要求永道公司收购其股权的权利应当受到限制，其在本案中的诉讼请求不应得到支持。二审法院判决：驳回上诉，维持原判。

二、以案说法

股份收购请求权的行使主体是股东，作为股东的基本义务就是要履行对公司的出资义务，股东需要按照公司章程规定履行实缴出资义务。根据 2023 年修订的《公司法》规定，有限责任公司实行认缴登记制，全体股东认缴的出资额由股东按照公司章程的规定自公司成立之日起 5 年内缴足；同时，配套规定了催缴出资、股东失权以及股东出资加速到期等制度。上述规定，突出了股东作为出资第一责任主体的地位，同时为了加强对股东出资义务的监督和执行，2023 年修订的《公司法》还配套规定了催缴出资、股东失权以及股东出资加速到期等制度。在股东未按时缴纳出资的情况下，董事会有权催缴出资，发出催缴通知书，在宽限期或合理期限内股东仍未实缴的，公司经董事会决议可向该股东发出失权书面失权通知，自通知发出之日起，该股东丧失其未缴纳出资的股权。此外，如果公司出现资不抵债等紧急情况，股东的出资义务可以提前到期，股东必须立即缴纳剩余出资，以保护公司和债权人的利益。进一步保证了股东出资责任的落实。对于原先已登记设立的公司，出资期限超过 2023 年修订的《公司法》规定的期限的，除法律、行政法规或者国务院另有规定外，应当逐步调整至 2023 年修订的《公司法》所规定的期限以内；对于出资期限、出资额明显异常的，公司登记机关可以依法要求其及时调整。

股东及时、足额的出资是其法定义务，除公司章程另有约定的除外，有限责任公司增加注册资本的优先认购权、公司分配利润等股东权利都是对应股东的实缴出资。并且根据《公司法》的规定，公司成立后股东不得抽逃出资。因而，股权作为股东向目标公司出资而获取的对价，当然受到股东出资状况的影响，在股东抽逃出资的情形下，股权中与之相关的权利亦应当受到限制。本案中，黄某存在抽逃出资的行为，且并未补足出资款，故黄某应当承担相应责任，与其股权相对应的相关权利的行使也应受到相应限制。

三、专家建议

公司在设定注册资本时应保持合理性，不宜过高，应根据实际经营需要和发展计划来确定。同时，股东应当按照法律规定和公司章程的规定及时足额缴纳出资，不得抽逃出资。以货币出资的，要备注好款项的投资款或出资款的性质，以非货币出资的，要对拟出资的非货币资产进行评估，并将资产进行交付或转移登记。如果股东未能履行出资义务，不仅会削弱公司的资金实力，影响日常运营和长期发展，还可能导致对债权人和其他利益相关者的权益造成损害。此外，股东自身的权益，如分红权、表决权等，也可能因未能履行出资义务而受到限制。

四、关联法条

《中华人民共和国公司法》第四十九条、第五十一条、第五十二条、第五十三条、第五十四条。

是否可以自行约定其他股份回购事由

《中华人民共和国公司法》（以下简称《公司法》）规定了股份回购的法定情形，即公司连续 5 年不向股东分配利润，而公司该 5 年连续盈利，并且符合本法规定的分配利润条件的；公司合并、分立、转让主要财产的；公司章程规定的营业期限届满或者章程规定的其他解散事由出现，股东会会议通过决议修改章程使公司存续的。2023 年修订的《公司法》还新增了两种情形，即控股股东滥用股东权利，严重损害公司或者其他股东利益的；公司与其持股 90% 以上的公司合并的。

一、案例简介

（一）基本案情

2012 年至 2016 年间，康德乐公司有一定的未分配利润。2017 年，小股东吴某某、马某某要求康德乐公司分配利润，并提出公司收购其股权。康德乐公司未响应，吴某某、马某某提议召开临时股东会，但由于大股东未出席，提出的利润分配方案未能通过。康德乐公司在 2015 年董事会上决定不增加注册资本及分红，因公司连续 5 年盈利而不分配利润，小股东要求公司回购其股权。[①]

[①] 详可参见（2019）辽民终 1198 号民事判决书。

（二）法院裁决

1. 一审判决

一审法院认为，根据康德乐公司的审计报告显示，2012 年至 2016 年，每年均有未分配利润，具备分配利润的条件，但康德乐公司却没有一年向股东分配利润。康德乐公司长期不向股东分配利润的行为，损害了中小股东的权益。一审法院支持了原告的回购请求。

2. 终审判决

二审法院经审查认为，康德乐公司是根据公司章程的约定、通过董事会决议的形式、到会全部董事（包含代表吴某某、马某某、胡某的董事）一致同意的情况下，决定公司不向股东分配利润，并不存在持有公司多数表决权的股东以股东会决议（本案是董事会决议）的形成阻碍了小股东分配利润的情形；其次，吴某某、马某某、胡某在康德乐公司召开临时股东会议提出的分红议案不符合公司章程约定的决定利润分配方案的议事规则，而且另一股东康德乐香港公司未出席也未表决，该次临时股东会并未作出有效的股东会决议，故也不存在对有效决议投反对票的股东。综上，本案不符合法律规定的公司回购股权的法定情形。二审撤销一审判决，驳回原告诉讼请求。

二、以案说法

异议股东回购请求权是在特殊情况下可以请求公司回购其股权而退出公司的规定，是在"资本多数决"的情况下，赋予中小股东或少数股东维护自身权益的救济措施的制度设计。当公司的控股股东或代表多数表决权的股东利用股东会决议的方式，客观上损害小股东权益，使其合理期待的利益落空或者遭受损失时，小股东可以利用本条规定的救济措施，实现退出公司的目的。《公司法》对这一规定有严格范围限制，即"对股东会该项决议投反对票的股东可以请求公司按照合理的价格收购其股权：（1）公司连续 5 年不向股东分配利润，而公司该五年连续盈利，并且符合本法规定的分配利润条件的；（2）公司合并、分立、转让主要财产的；（3）公司章程规定的营业期限届满或者章程规定的其他解散事由出现，股东会会议通过决议修改章程使公司存续的。"2023 年修订的《公司法》还规定公司的控股股东滥用股东权利，严重损害公司或者其他股东利益的，其他股东有权请求公司按照合理的价格收购其股权；公司与其持股 90% 以上的公司合并，其他股东有权请求公司按照合理的价格收购其股权或者股份。因此，《公司法》明确规定了异议股东回购请求权适用的法定范围，异议股东必须满足以上情形之一的，才能要求公司回购其股权。

具体到本案，要求满足公司连续 5 年不向股东分配利润，而公司该 5 年连续赢利，并且符合法律规定的分配利润的条件。以上条件都需有证据来证明，对于连续盈利未分配利润的事实，实践中法院一般根据当事人提供公司的审计报告来认定。此外，还需要证明持有公司多数表决权的其他股东通过股东会决议的形式阻碍了小股东分配利润的合理利益的实现，此时，异议股东才有权要求公司回购其股权。然而本案中，并不存在持有公司多数表决权的股东以股东会决议或董事会决议的形成阻碍了小股东分配利润的情形，所以不符合法律规定的公司回购股权的法定情形。

异议股东依据其他几种法定回购情形主张公司回购其股权的，也应当提供充分的证据证明满足了股份回购的法定情形，比如主张公司主要财产要求公司回购的，必须能够证明转让的财产是对公司生产经营产生重大影响的主要财产。之所以严格限制股份回购的适用范围，是因为异议股东股权回购请求权是基于保护中小股东的例外安排，该安排是对资本维持原则的突破，因此必须是以公司的重大决议导致公司发生重大变化、将使异议股东可能遭受重大损失为前提。

三、专家建议

股份回购有明确的法定适用范围，异议股东依据《公司法》相关规定提起股份回购诉讼时，需要准备充分的证据证明满足股份回购法定适用情形之一，小股东在公司的日常管理中也应当注意取得和保存与公司有关的资料。在无法取得诉讼所需的证据材料时，也可以通过行使股东知情权，先行通过股东知情权之诉取得相关材料。

四、关联法条

《中华人民共和国公司法》第五十七条、第八十九条、第一百一十条、第一百六十一条、第二百一十九条。

第八章　公司增资与减资纠纷

增资未实现，投资人是否有权
要求返还增资款

只有在更加全面地了解《中华人民共和国公司法》（以下简称《公司法》）领域的增资行为的规定时，投资者才能更好地捍卫自身的权益，实现良好、持续可发展的投资目标。

一、案例简介

（一）基本案情

海澄公司系依法成立的有限责任公司，梁某系海澄公司的在职员工。2011 年 8 月，经法院判决认定由迅华公司持有海澄公司 80% 的股权，后于 2014 年 6 月完成变更登记并由其真正接手。2011 年 11 月时，迅华公司的法定代表人王某登报公告，宣布海澄公司公章、财务章作废。

2012 年 4 月，梁某作为海澄在职员工，经过公司发布的入股文件和会议，向海澄交付 5 万元整作为入股款参与公司增资，海澄公司亦向其支付收据并加盖财务章和会计签字。但 2012 年 7 月时显示，另一独立法人海煜公司将梁某登记为该公司股东，入股金额 5.1 万元。因海澄公司始终未将梁某登记为其股东，并以公章作废为由否定其增资行为，现在梁某提起诉讼，主张其已给付投资款，但始终未成为海澄公司的股东，故海澄公司应当依法返还入股款及相应的利息。[①]

（二）法院裁决

1. 一审判决

一审法院审理认定，虽然海澄公司主张向梁某出具的收据上加盖的公章已经宣告作废，但并非由海澄公司自身宣告作废，且其亦未按照规定向公安机关报告，同时，海澄公司系于 2014 年才完成变更登记，在此之前其使用的公章实质上并未更换，而梁某交付入股款发生于 2012 年，故梁某给付入股款的收据上的财务章系有效印章。此外，入股的公司亦是海澄公司，而与海煜公司无涉，海澄公司也没有证据证明该入股款是其替海煜公司代收，故梁某与海澄公司之间存在合法有效的增资合同关系，对于梁某没有成为海澄公司股东的行为，海澄公司应当承担相应法律责任，即向梁某返还入股款，并支付其占用该资金期间的利息。

2. 终审判决

二审法院审理认定，结合该法院另查明的事实确认，对于海澄公司更换印章一事，仅做了对外公告，而从未向内部员工告知，且海煜公司将梁某登记为股东，系梁某在海煜公司的另外增资行为，与海澄公司入股行为系两个独立投资行为。因此，二审法院最终以不论公司印章是否更换，公司均应承担民事责任为由，维持了一审判决。

[①] 详可参见（2018）鲁 10 民终 1130 号民事判决书。

二、以案说法

通过梳理，该案的争议焦点主要为：梁某交付的 5 万元是否为海澄公司的入股款（增资款）？其次，海澄公司对于梁某的增资行为未予以决议，是否影响其增资行为的效力？

（一）投资人是否缴纳增资款的认定

本案系公司在职员工参与公司增资的案例，海澄公司作为增资公司，虽然经历了公司股东、法定代表人以及公司印章等变化或变更，但根据《公司法》的相关规定，作为法人的有限责任公司，虽然股东等登记事项发生变更，但其法人资格并未发生根本性变更，亦即其民事权利能力和民事行为能力并未变化，加盖公章同时亦是典型的法人行为，因此，无论公司印章是否更换，该收据仍属于有效收据，海澄公司应当承担相应的民事责任。

进一步而言，海澄公司出具的收据系有效的、证明梁某已经向其缴付了 5 万元增资款的合法、有效收据，是梁某作为投资人已履行增资的出资义务的有效证明，该款项确为增资款项。

（二）增资内部决议对目标公司增资行为的影响

通常情况下，根据《公司法》的规定，对于公司进行增资或减资的行为，应当经过股东会或股东大会形成有效的决议，并经出席会议的股东所持表决权的 2/3 以上通过。若公司未作出合法有效的增资决议，则股东或者他人向公司投入资金的行为不能认定为公司的增资行为，所投入的资金亦不能认定为公司的新增注册资本。但在本案中海澄公司提出了并未形成相应决议，但又确实因参与增资的主体系该公司的内部数位员工，且该增资行为系由海澄公司总经理程某亲自主持并召开会议和数次谈话后产生的，因此，法院以公司决议系内部行为，公司的内部意思表示不能产生对外效力，且是否召开股东会等行为并不足以否认目标公司已经收取入股款但始终未完成增资行为并将投资人登记为股东的事实。

因此，对于投资人最终未能依法成为公司股东的事实，海澄公司理应向梁某返还其支付的入股款及占用该资金期间的利息。

三、专家建议

在公司增资行为的投资活动中，投资人理应在缴纳增资款后被依法变更登记成为该目标公司的股东，行使相应的股东权利，如重大经营事项的表决权和收益分红权等。而本案这类投资人完成出资义务但长期未完成增资成为股东而要求返还出资款的情形，本质上属于投资人要求解除其与目标公司之间已经达成的增资协议，此时由于该增资行为尚未形成对外公示的效力，即未完成真实增资，故此时返还出资还并未涉及抽逃出资或不按法定程序减资等问题，也即此时投资人要求返还出资系在积极捍卫自身的合法权益不受损害，应当得到法律的支持和保护。

四、关联法条

《中华人民共和国公司法》第三条、第三十四条、第五十三条、第五十九条、第六十六条、第一百一十六条、第二百二十四条。

公司增资时要注意保护小股东的权益

近年来，关于公司增资层面的争议和纠纷层出不穷，令不少投资者望而却步。显然，公司增资不仅有利于目标公司短期内迅速筹措资金，同时亦是投资者以求良好投资回报的有利途径。因此，为了良好规制增资行为以实现其积极价值最大化，应当从增资行为的根源——决定增资活动的增资协议效力的角度入手，为投资市场和广大投资者们引出一条健全、稳定的投资之路。

一、案例简介

（一）基本案情

王某和吴某协商共同注册成立了某教育咨询公司，其中，王某出资 210 万元，股权占比 70%；吴某出资 90 万元，股权占比 30%。后因该公司取得了 2020 年至 2025 年期间的幼儿园办学许可证，便成立了某幼儿园。至 2022 年 5 月，王某召开了临时股东会会议，向吴某发出通知，并随后召开了教育咨询公司的正式股东会会议，由王某、吴某 1（吴某之子）、何某（该公司副经理）、王某 1（某律师事务所律师）参加了会议。会议通过了增资至 600 万元的决议，且该增加部分由王某以货币出资，股东出资情况相应变更为王某出资 510 万元，占注册资本的 85%；吴某出资 90 万元，占注册资本的 15%，并修改了章程。

但由于吴某并不同意此决议及修改章程，故该决议仅有王某签字。而后该教育咨询公司和王某提起诉请，要求确认上述决议有效，同时，吴某亦提出反诉请求确认该决议无效。[①]

（二）法院裁决

1. 一审判决

一审经审理认为，教育咨询公司于 2022 年 5 月 31 日做出的股东会决议合法有效，也即该教育咨询公司的注册资本应已增至 600 万元，且王某占教育咨询公司增资后的股权比例为 85%，吴某应当协助教育咨询公司和王某办理注册资本增加的变更登记。同时，一审法院亦认定，由此次股东会决议形成的公司章程于当日起在公司内部发生法律效力，因此，驳回吴某的诉讼请求。

2. 二审判决

二审法院认为，由案涉教育咨询公司创办的幼儿园在经营发展过程中已产生了较高的经济价值，现在该公司每股的股权价值与公司注册时的股权价值也不可同日而语，如果认定涉案股东会决议有效，则可能导致股东利益明显失衡。如认定王某的增资协议合法有效，使该教育咨询公司增资至 600 万元，那么作为公司大股东的王某则可以其绝对优势地位获得更多利益，进而使得吴某的利益损失更加严重。因此，二审法院撤销了一审判决，认定股东会决议中关于增资部分的决议事项无效，并驳回王某和该公司的全部诉讼请求。

二、以案说法

本案的核心争议焦点在于：决定增资行为效力的股东会决议，是否存在因恶意损害小股东利益的情形，进而导致该增资行为无效。

---

① 详可参见（2022）黔 03 民终 7840 号民事判决书。

（一）遵守——增资必须经过股东会（股东大会）做出决议才能进行

在公司治理活动中，公司可以充分利用其内部或外部的投资资源，对自身的注册资本或股本进行追增，以满足扩大经营的需要。但万变不离其宗，公司的治理必须依照相关法律和公司章程的规定进行，此为公司合法运作的重要依据，亦是对股东权益实现有效保护的必要机制。因此，回归到本案，根据《中华人民共和国公司法》（以下简称《公司法》）的相关规定，以及该教育咨询公司的章程，对作为目标公司的教育咨询公司进行增资时，已然涉及了公司重大资金变动，事关股东权益的调整，应当由股东大会做出决议，并由出席会议所持表决权 2/3 以上的股东表决通过方才有效。

而对于此项看似带有"应为""必须为"态度的规定内容，在最新修订且即将生效的新公司法中亦做出了同样的沿袭，旨在对于凡是涉及股东权益变动此类的重大事项，必须予以相应的高标准、高门槛进行规制。此亦是公司治理理论中"资本多数决"原则的必然体现，毕竟，通常情况下，在确保以资本占多数的话语权作为主导时，能够较大程度上保障公平的实现。

（二）提防——股东会决议成为大股东滥用资本多数地位损害公司及股东利益的温巢

资本多数决固然能在以公司增资等典型的民商事投资行为中捍卫公平和正义的实现，但上述案例却向投资者们上了生动的一课，即资本多数决在实践中存在的最大弊端之一，是极容易引发大股东滥用资本多数地位，对公司实行妄为控制，肆意损害公司和其他股东的利益。

例如，在该案中，假设该公司增资前净资产为 1000 万元，则王某和吴某享有的股东权益的价值为 700 万元和 300 万元，那么，按决议完成增资后，公司的净资产变为 1300 万元，大股东王某享有的权益价值为 1105 万元，扣除其增资的 300 万元，导致其因增资行为而直接获利 105 万元，而吴某全享有的股东权益的价值则降为 195 万元，如此直接导致其因王某的增资行为受损 105 万元，且公司的增资前净资产越高，则作为小股东的王某则受损更加严重。因此，此时即使确有股东会决议，且符合决议通过比例，也仍应当根据相关法律规定，对公司决议内容进行合理性审查，利益受损的小股东可依据《公司法》之规定申请确认相关股东会决议无效，以实现矫正失衡的股东利益关系的价值目标。

三、专家建议

公司增资行为的本质为新的资金追加流入公司之中，以实现增加公司资本，其中以原股东按照法律及公司章程的规定追加投入资金较为多见。虽然此时并没有外部投资人加入其中，但仅由部分股东增资的情形下，必然导致其他股东的持股比例降低，股权被动遭到稀释甚至公司控制权转移的结果，难免会侵害部分股东的合法利益。此时，为了避免自身权益遭受不当损害，投资者应当运用法律这把保护剑，对决定了增资事项的股东会决议内容谨慎把握，积极行使股东提出异议等法定权利，尤其提防目标公司大股东利用其控股有事恶意损害小股东的利益的情形。

四、关联法条

《中华人民共和国公司法》第二十一条、第六十六条、第一百一十六条、第二百二十七条、第二百二十八条。

公司违法减资时，股东或需担责任

随着 2023 年《中华人民共和国公司法》（以下简称《公司法》）的修订，在实践中高频出现的公司减资纠纷方面，首次明确"严进严出"的立场，令公司治理和股东管理回归并保持理性与可控。由此，对于公司减资纠纷及处理的了解与熟悉，或成为公司和投资者们不可或缺的一环。

一、案例简介

（一）基本案情

西安友信成立于 2017 年，股东为钱现科技，持股比例 100%。2018 年，磐石公司与西安友信签订《风险管理合作协议》及补充协议，就西安友信与某公司间借款项目风险管理事宜，约定西安友信对逾期风险负有差额补足义务。此后，西安友信分别进行了三次减资，且减资过程均在报纸上发布了减资公告，做出了相应的《股东决定》，出具了《债务清偿承诺书》，编制了资产负债表、财产清单，承诺至今无任何债权人向其主张过任何债务。

直至 2021 年 2 月，另案查明，西安友信与磐石公司之间就上述风险管理协议履行问题存在争议。磐石公司自 2018 年 12 月起已每月邮件通知西安友信，要求其就风险成本金额及不足金额进行结算，且作出的生效裁决已裁令西安友信承担相应的差额补足责任，并申请了强制执行，但最终因西安友信名下无财产而只得终结执行。现磐石公司向法院诉请要求其股东钱现科技在4900万元减资范围内对西安友信应向磐石公司支付的补足款及利息承担责任，并主张由钱现科技全体股东对上述债务承担连带责任。[①]

（二）法院裁决

1. 一审判决

一审法院认为，公司在符合减资的条件时，应履行法定程序，确保公司债权人在公司责任财产减少之前维护债权。该案中，磐石公司与西安友信的协议签署时间为2018年，早于其减资行为发生之前，且自2018年12月起磐石公司即已每月通过邮件向其发送结算表，要求其进行结算。故磐石公司在减资之前就属于西安友信的已知债权人，而其在明知债权人存在的情况下未予书面通知，减资程序违法，存在抽逃出资行为，应当依法在减资范围内就裁决书的内容向磐石公司承担责任。但因现有证据无法证明钱现科技存在丧失独立法人人格，故不支持磐石公司要求钱现科技股东承担连带责任的诉请。

2. 终审判决

磐石公司不服一审判决上诉，二审法院认定，西安友信在明知存在债权人的情况下却未履行法定通知义务，减资程序违法，其行为实质上属于未经法定程序将出资抽回的行为，存在抽逃出资行为；而对于钱现科技丧失独立法人人格的主张，磐石公司仍未提供充分有效证据，对此主张不予支持。因此，二审判决最终以上述理由驳回上诉，维持了原判。

[①] 详可参见（2023）京03民终5000号民事判决书。

二、以案说法

结合本案，其争议焦点围绕公司减资的法定程序展开，在公司就减资行为未向公司债权人履行通知义务时，股东是否需就公司无法清偿部分承担补充赔偿责任？

（一）公司减资时必须履行的法定程序

在众多减资纠纷实务中，多数是基于减资行为的履行或执行所引发的问题，换言之，在公司减资程序中若存在一定的瑕疵，则极易导致最终由公司股东承担相应的法律责任。

首先，在目标公司基于拟进行减资操作时，即需要依法由股东会或者股东大会做出相应合法、有效的决议。由于以决议方式进行减资系《公司法》的明确规定，故投资者需明确，即公司减资决议只能由股东（大）会作出，且该权限绝不能通过股东间对公司章程的约定或者股东（大）会决议而随意下放或取消，也不能被股东间的协议所代替。

其次，在有效决议之下，公司完成审计后，即必须编制资产负债表及财产清单，此为对目标公司财务状况的确认和公示，是减资过程中不可或缺的程序之一。而在此基础上，则必须以书面形式通知全部债权人，并在报纸上或者国家企业信用信息公示系统公告，以确保公司债权人能够在公司资产减少之前及时保护并实现自己的债权，使自身权益免受侵害。实践中，此处公司就通知义务的怠于履行亦是引发债权人诉请救济的主要因素，亦是本案所列举的典型情形。

最后，在减资过程的最后环节，目标公司还需按照《公司法》之规定，依法向公司登记机关办理变更登记。由此，整个程序履行完毕，是为合法的减资程序。

（二）公司违法减资时，股东需承担责任

在《公司法》规定的减资程序中，制定减资方案、对减资进行决议等程序均为不被公开、公示的内部程序，而身处外部的债权人很难了解公司的真正资信与实力，其对于公司责任能力大小判断的基础，通常仅能取决于经工商部门登记、对外公示的公司注册资本。同时，由于债权人系依据未减资时的公司注册资本对公司偿还能力作出信任的评价，故出于对外部债权人利益的保护，法律才强制要求必须将公司的减资程序通知债权人并进行公告、通知和披露，令债权人能够及时在公司减资前主张公司清偿债务或提供担保，保证债权人的权益不会因公司注册资本减少、偿债能力降低而受损。

而一旦公司未履行通知义务，剥夺了债权人的权利时，司法实践中通常认为，虽然该行为表现与《公司法》司法解释所列举的抽逃出资的四种典型表现形式不同，但其情形与股东违法抽逃出资的实质以及使债权人权利受损的影响，在本质上并无不同，故可以比照《公司法》的相关原则和规定来加以认定和处理，要求股东在减资的范围内对公司债务不能清偿部分承担补充赔偿责任。

三、专家建议

民商事领域展现的极高程度的商事自由，既激发了市场经济的活跃与发展，但同时也极易助长公司主体逾越法律界限，损害债权人合法权益的不良势头。如本案中，西安友信在明知确有债权人存在，且债务未向其清偿的情况下，有意仅在报纸上公告，而未对债权人发出通知，以实现逃避债务的目的。同时，加之如今最新修订的《公司法》将注册资本认缴期限缩短为5年，以及

明确规定了违法减资的具体法律后果的变革下，存量公司减资或成常态，由此不论是公司主体，抑或是股东、投资者，都应该严格遵守法律规定，履行法定程序，保护自身的合法权益。

四、关联法条

《中华人民共和国公司法》第二十一条、第五十三条、第三十四条、第四十七条、第二百二十四条、第二百二十六条、第二百五十五条；《最高人民法院关于适用〈中华人民共和国公司法〉若干问题的规定（三）》第十二条、第十三条、第十四条。

公司减资与抽逃出资之间关系需辨明

减资纠纷，是指公司在减少注册资本行为违反了一定的程序，导致公司股东或债权人利益遭受损害。在减资纠纷的不同类型中，总是容易将该减资行为与股东抽逃出资，进而要求其出资期限加速到期而紧密相连，进而引发纷争不断。因此，不论是对于因公司减资行为而使得利益可能受损的债权人，抑或对于为了切身利益和公司发展而不得不选择对公司进行减资的股东而言，为了避免自身权益受损和不必要的诉争，对于减资的法定程序和规定的了解便显得尤为重要。

一、案例简介

（一）基本案情

2013年12月，5位股东创立创奇公司，注册资金为25万元，所有股东均已出资到位。2014年7月，程某受让了5位股东的股权，并于同月的22日通过股东会决议增资至100万元，并吸收傅某和刘某为新股东，程某、傅某、刘某3人出资比例为35%、50%、15%。2016年7月，创奇公司作出股东决议，减资至48万元（已实缴），并于同年7月14日在报纸上刊载了减资公告，但并未通知债权人慧想公司，以至于慧想公司未能及时向创奇公司主张债权。故慧想公司以创奇公司为被告起诉主张由其承担赔偿责任。根据生效判决，法院判定创奇公司应当赔偿慧

想公司经济损失 20 万元及合理费用 2 万元，并承担案件受理费
8726 元。

但是，因创奇公司迟迟未履行生效判决，慧想公司便再次起
诉要求追加创奇公司的 3 位股东为被执行人，就创奇公司对慧想
公司的债务在尚未足额缴纳出资的范围内，承担连带清偿责任。①

（二）法院裁决

1. 一审判决

一审法院认为，由于创奇公司在减资过程中未对债权人尽通
知义务，故其减资从 100 万元至 48 万元对慧想公司不发生效力。
但由于公司章程规定该 100 万元的出资期限是 2024 年 7 月 23 日，
不存在股东违反章程规定未缴足出资的情况，于追加股东为被执
行人的法定事由不符，故驳回了慧想公司的诉讼请求。

2. 终审判决

慧想公司不服一审判决上诉，二审法院根据现有事实和证据
认定，创奇公司未通知债权人违法减资，确属于没有履行对特定
债权人的通知义务，故该减资行为对慧想公司不发生效力，对其
而言，创奇公司的注册资金仍为 100 万元，出资期限为 2024 年 7
月 23 日。其次，本案中创奇公司的股东并不存在未按章程规定的
期限足额缴纳出资等怠于履行出资义务的情形，故其未清偿到期
债务并不会导致出资义务加速到期，也就因此不能成为追加 3 股
东为被执行人的理由。因此，二审法院经审理后，判决驳回慧想
公司的上诉，维持了原判。

---

① 详可参见（2019）沪民终 112 号民事判决书。

二、以案说法

结合本案情况，其争议焦点可总结为：违规减资时可否直接追加该股东为被执行人？股东认缴出资是否因减资而加速到期？

（一）公司违规减资时，债权人无权以此为由要求追加该股东为被执行人

司法实践中，因公司未依法履行法定通知义务，致使债权人丧失机会在公司责任财产减少之前维护债权的诉讼案例不胜枚举，而债权人在未将公司股东列为被告取得胜诉判决，发现公司已无财产可供执行后，又申请直接将股东列为被执行人的案件更是不在少数。

虽然就违规减资是否能直接追加股东为被执行人的处理问题上，尚未得出统一的裁判观点，但众案例以及本案亦体现出一种裁判态度，即不能粗暴笼统地支持债权人的请求，而将公司股东直接列为被执行人。以本案为例，虽然创奇公司确实未履行通知义务，损害了债权人的合法权益，但创奇公司的3位股东的减资行为并不存在未经法定程序将出资抽回，损害公司权益，而构成股东抽逃出资的情形。

换言之，就公司减资，导致公司责任财产减少，债权人的利益有可能造成侵害等事实，需要进行实质性审查。从对债权人的实质影响来看，有的减资并不导致公司偿债能力降低，公司责任财产依然充足，能够清偿到期债务；而有的减资则会实质造成损害，因此，仅有在确实该减资行为构成股东抽逃出资时，典型如减资决议并未按照法律及公司章程的规定，由股东大会多数决通过等违反法定程序时，才能依法追加公司股东为被执行人，要求其承担相应责任。

（二）股东认缴出资期限并不当然因减资而加速到期

《中华人民共和国公司法》（以下简称《公司法》）规定的一系列减资程序中，制定减资方案、对减资进行决议等程序均为不被公开、公示的内部程序，而身处外部的债权人很难了解公司的真正资信与实力，其对于公司责任能力大小判断的基础，通常仅能取决于经工商部门登记、对外公示的公司注册资本。同时，由于债权人系依据未减资时的公司注册资本对公司偿还能力作出信任的评价，故出于对外部债权人利益的保护，法律才强制要求必须将公司的减资程序通知债权人并进行公告、通知和披露，令债权人能够及时地在公司减资前主张公司清偿债务或提供担保，保证债权人的权益不会因公司注册资本减少、偿债能力降低而受损。

三、专家建议

不可否认的是，在对于公司外部的关联的债权人或投资人而言，公司注册资本确实是其选择与公司进行交易、借贷的信赖利益的基础，但在公司经营存续过程中实施减资操作亦是常见行为之一，在确实符合法律规定和程序框架之下的减资行为，并不会当然导致与抽逃出资的必然后果，加之《公司法》中是股东以其出资额为限对公司承担责任，权利主体是公司，不是公司的债权人。因此，投资者应当确保减资的合法进行，避免陷入抽逃出资的纠纷之中。

四、关联法条

《中华人民共和国公司法》第三条、第三十四条、第二百二十四条、第二百二十六条;《中华人民共和国企业破产法》第三十五条;《最高人民法院关于民事执行中变更、追加当事人若干问题的规定》第十七条;《最高人民法院关于适用〈中华人民共和国公司法〉若干问题的规定(二)》第二十二条;《最高人民法院关于适用〈中华人民共和国公司法〉若干问题的规定(三)》第十三条;《全国法院民商事审判工作会议纪要》第六条。

第三部分

公司治理篇

第九章　公司章程纠纷

公司章程是公司自治的主要依据

公司章程是由公司股东合意制定的关于公司内部管理结构、运营规则以及股东、董事会、监事会和管理层的权利分配等关键问题的纲领性文件。通过公司章程，公司能够在法律允许的范围内自主决定其管理和运营的具体事宜，体现了公司作为独立法人的自治特性。因此，公司章程只要不与法律强制性规定冲突，无论章程规定是否影响商事活动效率，均应当作为公司内部决议效力的依据。

一、案例简介

（一）基本案情

D公司于1999年设立，股东为A、B、C三家公司，分别持股25%、15%和60%。2016年9月9日，D公司通知董事召开董事会，并向董事告知了关于任命公司新财务负责人的议案。2016年9月23日，D公司5名董事全部参会，参与表决，其中赞成3票，反对2票。董事会以多数通过的原则，聘任新的财务负责人张某。并形成公司副总经理刘某应当于董事会作出决议之日起7日内将负责保管的相关财务印鉴及支付工具移交给新任财务负责人张某。

与会董事 3 人在董事会决议中签字。

D 公司章程第二十九条规定："公司董事会实行集体决策，表决实行一人一票和多数通过的原则。董事会决议须经全体董事通过，并形成会议记录，出席会议的董事应当在会议记录上签名。"D 公司股东 A 和股东 B 认为决议未达到公司章程通过的比例，于 2016 年 11 月 16 日提起诉讼，请求确认公司的董事会决议不成立。[①]

（二）法院裁判

1. 一审判决

法院判决驳回公司股东 A 和 B 的诉讼请求。法院认为，公司章程规定"公司董事会实行集体决策，表决实行一人一票和多数通过的原则"和"董事会决议须经全体董事通过，并形成会议记录，出席会议的董事应当在会议记录上签名"相矛盾。如果规定董事会决议须经全体董事通过损害商业效率，并与《中华人民共和国公司法》（以下简称《公司法》）中"董事会会议应当有过半数的董事出席方可举行。董事会作出决议，应当经全体董事的过半数通过"的规定不符。

2. 二审判决

法院判决撤销一审判决，支持公司股东 A 和 B 的主张，董事会决议不能成立。

二、以案说法

本案主要由两个争议点，即《公司法》在公司章程中的适用问题以及司法对公司决议瑕疵的介入问题。

---

① 详可参见（2018）闽 01 民终 5284 号民事判决书。

（一）公司法在公司章程中的适用问题

公司决议效力确认之纠纷，核心在于判断董事会决议在召开程序和表决方式上是否符合法律或公司章程的规定。本案中各方对于董事会的召开程序并无争议，因此主要的争议点在于公司董事会的表决方式是否符合法律或公司章程的规定。

《公司法》对于董事会的表决方式的规定集中于第七十三条："董事会的议事方式和表决程序，除本法有规定的外，由公司章程规定。"第一百二十四条强调："董事会会议应当有过半数的董事出席方可举行。董事会作出决议，应当经全体董事的过半数通过。"《公司法》要求董事会决议应当由全体董事的过半数通过，但并未阻止公司股东在章程中约定以更严格的多数比例通过董事会决议。换言之，公司中董事会的表决通过的比例不得低于半数，这是《公司法》中的强制性规定。如果公司章程中约定的董事会通过比例低于半数，那么将违反法律的强制性规定。但如果公司股东可以通过章程约定更高的通过比例，这并不违反《公司法》的规定。因此，一审法院在此处的法律适用存在错误。

（二）司法对公司决议瑕疵的介入

本案中，董事会决议适用的公司章程的确存在瑕疵。公司章程中，"公司董事会实行集体决策，表决实行一人一票和多数通过的原则"和"董事会决议须经全体董事通过，并形成会议记录，出席会议的董事应当在会议记录上签名"相矛盾。一审法院以董事会决议经全体董事通过可能损害商业效率为由，认定董事会决议应当过半数通过，属于司法对公司章程的介入。

公司章程系股东依据公司生产和经营需求自行约定。通常意义上，判断章程是否有效率的主体应当是股东，而法官由于其专业所限并非判断公司商业效率的最佳主体。因此，一审法院对公司章程效率的判断并非明智选择，也并无法律依据。

对于公司章程的解读，二审法院采取了尊重公司股东通过公司章程形成的共同合意并通过对公司章程字面含义的解读来解读公司章程的真实意思表达的方式。对于意思自治是否有损公司的商业效率，二审法院秉持谦抑性原则对意思自治不加干预的做法更为合理。

三、专家建议

公司章程系公司股东依据公司自身需求而制定，具有显著的契约属性。因此，只要公司章程不违反法律的强制性规定，法院通常秉持谦抑性原则，尊重公司章程的意思自治。在公司决议瑕疵诉讼与日俱增的背景下，法院对公司的决议审查也应当以合法性审查为主，对于意思自治部分通常不加干预。公司应慎重对待公司章程的制定，一方面应当注意不违反法律中的强制性法规，另一方面应当依据公司自身情况发挥主观能动性，制定符合自身需求的公司章程。

四、关联法条

《中华人民共和国公司法》第五条、第四十五条、第四十条、第七十三条、第一百二十四条。

公司章程亦可被认定为无效

公司章程原则上由股东合意制定，体现了公司股东的意思自治。但这并不意味股东的意志可以毫无边界。公司章程须经股东审议通过，法律也尊重公司作为独立法人的自治特性。但公司章程不应当违反法律的强制性规定。司法在公司章程的条款违背法律的强制性规定时可以介入，违法条款有可能被法院确认为无效。

一、案例简介

（一）基本案情

C公司为一家宾馆，于2009年10月19日成立，股东A和股东B分别持股51%和49%。C公司章程由股东共同订立，其中，公司章程第七条规定："宾馆设董事会，行使下列权利：（1）决定宾馆的经营方针和投资计划；（2）决定总经理、副总经理的报酬事项；（3）选择和更换由股东派出的监事；（4）审议批准宾馆总经理的报告；（5）审议批准宾馆监事会的报告；（6）审议批准宾馆的年度财务预算方案、决算方案；（7）审议批准宾馆的利润分配方案和弥补亏损方案；（8）对宾馆增加或者减少注册资本作出决议；（9）对股东向股东以外的人转让出资作出决议；（10）对宾馆合并、分立、变更、解散和清算等事项作出决议；（11）修改宾馆章程；（12）制定宾馆的基本管理制度。"公司章程第三十二条规定："宾馆有下列情况之一，可以解散：（1）宾馆章程规定的营业期限届满;(2)董事会决议解散;(3)宾馆合并或者分立需要解散;(4)宾馆违反法律、行政法规被依法责令关闭;(5)因不可抗力事件致使宾馆无法继续经营;(6)宣告破产。"

股东 B 认为公司章程的第七条和第三十二条第二款违反了《中华人民共和国公司法》(以下简称《公司法》)强制性规定,侵犯了股东合法权益。股东 B 与股东 A 多次协商调整公司章程条款,未达成一致意见,遂向法院起诉确认公司章程第七条和第三十二条第二款无效。①

(二)法院裁判

公司章程第七条第(八)项、第(十)项、第(十一)项,第三十二条第(二)项将股东会的法定权利规定由董事会行使,违反了《公司法》强制性法律规定,应属无效。

二、以案说法

本案主要有两个争议点,即股东是否有确认公司章程无效的权利以及公司章程的规定是否违反了法律强制性规定。

(一)股东是否有确认公司章程无效的权利

公司章程是由公司发起人或全体股东共同制定的基本文件,体现股东意志。但《公司法》强调,公司章程必须依法制定。这表明公司章程不仅应当体现股东的自由意志,也必须遵循法律的规定,即公司章程具有法定性。虽然公司章程属于公司内部事务,司法一般不介入,但当公司章程违背法律强制性规定时,司法还是可以介入确认公司章程的效力。但司法的介入应当遵循适度干预原则。

---

① 详可参见(2015)黔高民商终字第 61 号民事判决书。

本案中公司章程规定了包括股东、董事、监事、高级管理等人员的权利义务，对相应人员具有约束力。如果股东认为公司章程内容违法或侵犯股东权利，股东理应具有通过诉讼维护自身合法权益的权利。

（二）公司章程是否违反法律强制性规定

《公司法》第五十九条和第六十七条分别规定了股东会和董事会的职权。法院认为，董事会、股东会均有法定职权和章程规定职权两类。无论是法定职权还是章程规定职权，强调的都是权利，在没有法律明确禁止的情况下，权利可以行使、可以放弃，也可以委托他人行使。但这个观点在学理上尚有争议。一般认为，涉及公司根本问题（包括选举更换董事监事，修改公司章程等）以及公司资本问题（包括公司注册资本变动，公司合并、分离、解散清算或变更公司形式等）属于股东专属职权，股东不能授权董事代为履行。涉及公司经营问题（例如发行公司债券等），股东可以授权董事代为履行。这主要是因为股东与董事之间存在显著的信息不对称，如果股东把涉及公司根本的结构问题和资本问题授权董事执行，易产生董事利用其自身信息优势侵害股东权益的风险。

这在《公司法》第六十六条中也有印证，"股东会作出修改公司章程、增加或者减少注册资本的决议，以及公司合并、分立、解散或者变更公司形式的决议，应当经代表 2/3 以上表决权的股东通过"。法律通过限定上述事项的表决程序以及股东的表决比例，再次强调了股东注册资本变动，合并、分立、解散、清算，修改公司章程以及公司解散等事项属于公司股东会职权。该职权为法律的强制性规定，不可通过公司章程授权董事会执行，否则难以满足《公司法》第六十六条对于法定程序的强制性规定。

基于此，公司章程第七条第（八）项、第（十）项、第（十一）项，第三十二条第（二）项将股东会的法定权利规定由董事会行使，违反了《公司法》强制性法律规定，应当被判定为无效。

三、专家建议

公司章程应当依法制定，除由股东审议通过的体现股东自由意志的条款外也包括法定条款。公司章程的制定不应当违反法律的强制性规定。如果将公司章程视为契约，法律为契约的协商留出了大量的空间，充分尊重了公司股东的意思自治，但股东的意思自治以不违反法律的强制性规定为限。实际上，法律的强制性规定与法律保障股东的意思自治并不冲突，某种程度上，法律的强制性规定的设置目的是保障股东的意思自治。例如，在公司中股东通常不参与公司的日常经营，与董事存在显著的信息不对称。换言之，股东和董事在很多时候不具有平等协商的信息和能力。因此，为了防止董事利用信息优势侵害股东权益，法律将一些关键职权强制性地赋予股东而不允许股东授权董事代为履行，本案即为典型案例。

四、关联法条

《中华人民共和国公司法》第五条、第五十九条、第六十六条、第六十七条。

公司章程何时生效

公司章程对包括股东、董事、监事、高级管理人员在内的人员均具有约束力。但实践操作中，公司通过股东会表决通过的公司章程往往与工商登记备案的章程不一致。这就引发了一个新的问题，即公司章程何时生效？是股东会表决通过时即可生效还是在工商登记备案时生效？这个问题直接决定了公司发生争议时应当适用哪个版本的公司章程，直接关系到股东等利益相关人的核心利益。

一、案例简介

（一）基本案情

B公司于2017年12月1日注册成立，公司股东吴某和任某分别认缴55%和45%的出资额。

2019年8月22日，A集团与吴某、任某和B公司签署股权转让协议，并于2020年6月4日签署补充协议，确认股权转让后吴某、任某、A集团的持股比例分别为55%、25%、20%。B公司已收到A集团股权转让款，协议对吴某和任某的全部认缴资本到位的时间进行了明确约定，并约定由A集团委托第三方审计机构对公司进行财务核查和审计。但审计机构因B公司财务资料不完整无法出具审计报告。

2020年9月23日，B公司召开股东会议，会上A集团委托审计机构对审计状况进行说明，并在会上修订公司章程，其中第七条第一款约定，各股东依照其所持有的实际到位出资比例获得股利和其他形式的利益分配，第十四条第一款规定股东会会议作出决议按股东所持股份比例进行表决。各股东按实际出资的金额，人民币每一元为一个表决权。公司章程经股东会审议通过，但并未进行工商登记。2020 年 9 月 27 日，公司提交工商登记备案的公司章程中载明："第五条：公司注册资本为在公司登记机关登记的全体股东认缴的出资额，公司注册资本为人民币 6000 万元……第六条：A 集团认缴 1200 万元，出资占比 20%；吴某认缴 3300 万元，出资占比 55%；任某认缴 1500 万元，出资占比 25%；出资时间均为 2020 年 11 月 30 日"；"第十八条：股东会会议由股东按照出资比例行使表决权"。

之后，公司多次催缴任某实缴出资额均未果，截至 2021 年 2 月 10 日，吴某和任某均未完全实缴，B 公司对此已发送股东实缴注册资本确认函。

2021 年 3 月 14 日，B 公司召开股东会，决议公司章程关于注册资本的认缴时间拟定为 2021 年 3 月 23 日前；公司向银行贷款融资。依据吴某、任某和 A 集团的实际出资比例，表决比例分别为 71%、2%、27%。但任某以股东会召开程序不合法、公司未出具审计报告为由拒绝行使表决权。任某提起诉讼，请求撤销股东会决议。[①]

（二）法院裁判

1. 一审判决

法院判决驳回任某的全部诉讼请求。公司章程虽未经过工

[①] 详可参见（2021）湘 06 民终 4808 号民事判决书。

商登记，但内部表决通过已发生法律效力。公司的表决没有违背公司章程，也没有损害任某的利益，所以对任某的诉讼请求不予支持。

2. 二审判决

法院查明，2020年9月23日通过的公司章程未生效，因为章程第五十三条载明"本章程修改后经股东会会议表决通过，报公司登记机关核准变更登记后生效"。因此，本案应当适用公司于2020年9月27日登记的公司章程。股东会的表决程序有瑕疵，但对决议未产生实质影响，因而任某要求撤回股东会决议的请求不予支持。

二、以案说法

本案主要有两个争议点，即9月23日通过的公司章程（以下简称《923公司章程》）是否生效以及股东会的决议是否应当撤销。

（一）《923公司章程》是否生效

《923公司章程》在股东会表决通过，但并未工商登记备案。最高人民法院在（2014）民提字第00054号民事判决书中载明"公司章程是股东在协商一致的基础上所签订的法律文件，具有合同的某些属性，在股东对公司章程生效时间约定不明，而《中华人民共和国公司法》（以下简称《公司法》）又无明确规定的情况下，可以参照适用合同法的相关规定来认定章程的生效问题。参照合同生效的相关规定，本院认为，经法定程序修改的章程，自股东达成修改章程的合意后即发生法律效力，工商登记并非章程的生效要件，这与公司设立时制定的初始章程应报经工商部门登记后才能生效有所不同。"最高法院的意见在一审判决中亦被援引。

公司章程具有一定的合同属性，因此法院应当尊重公司章程中关于生效时间的约定，但前提是"在股东对公司章程生效时间约定不明，而《公司法》又无明确规定的情况下"。在本案中，《923公司章程》已经明确约定"本章程修改后经股东会会议表决通过，报公司登记机关核准变更登记后生效"。即各方均认可章程经工商登记核准变更后生效。法院应当遵从股东对公司章程的意思自治，而非简单利用合同法原理去干预各方的意思自治。因而，一审法院援引观点有误，《923公司章程》并未生效。因此，公司2021年3月14日召开的股东大会应当适用公司于2020年9月27日工商登记备案的公司章程（以下简称《927公司章程》）。

（二）股东会决议是否应当撤销

由于2021年3月14日召开的股东会章程有误，会议召开的程序和表决方式有瑕疵。例如，《923公司章程》的表决权按照股东所持股份比例进行表决，而《927公司章程》则按照股东出资比例行使表决权，这导致每个股东实际的表决权不一致。

《公司法》第二十六条规定："公司股东会、董事会的会议召集程序、表决方式违反法律、行政法规或者公司章程，或者决议内容违反公司章程的，股东自决议作出之日起60日内，可以请求人民法院撤销。但是，股东会、董事会的会议召集程序或者表决方式仅有轻微瑕疵，对决议未产生实质影响的除外。"所以，本案中判断股东会决议是否应当撤销应当重点关注召集程序和表决方式的瑕疵是否对决议产生了实质影响。

2021年3月14日的股东会决议改变了股东的认缴时间，系对公司章程的修改。《公司法》规定，公司章程的修改应当经有2/3表决权的股东通过。依据届时有效的《927公司章程》，吴某和A集团的出资比例合计已达到75%，超过法定的2/3，因而虽然表决程序有瑕疵，但并未对决议产生实质影响。因此，股东会的决议不应当被撤销。

三、专家建议

公司章程的生效时间应当以章程约定为主，法律应当遵循公司股东的意思自治，但如果约定不明确，可参考合同法原理，以股东会决议通过之时确定公司章程生效时间；另外，股东会召集程序、表决方式的瑕疵并不必然导致决议无效，需要考察瑕疵是否对决议内容造成了实质影响。

四、关联法条

《中华人民共和国公司法》第二十六条、第六十六条。

公司章程不一致，以哪个为准

实践操作中，公司可能存在不同版本的公司章程，既包括公司日常经营中实际执行的版本，也可能是公司为程序所需在工商登记备案的版本。这两个版本时常不一致，前者对公司成员的权利义务约定更为详尽，而后者往往以工商登记机关提供的模版为主。这就引发了由公司章程适用版本的争议导致的一系列纠纷。

一、案例简介

（一）基本案情

A公司于2003年9月18日注册成立。2008年9月，A公司对外投资设立新公司，持股50%。2015年4月3日，A公司为实现对新公司的增资，引进3名法人股东，截至2015年4月30日，公司占新公司持股比例69%。至此，公司有3名自然人股东和3名法人股东。其中，自然人股东周某持股41%。

2015年5月9日，3名自然人股东和3名法人股东共同签订公司章程（执行稿）。2015年5月15日，公司股东签署增资扩股协议，确认3名法人股东对公司的增资。增资后，3名自然人股东合计持股49%，3名法人股东合计持股51%。3名法人股东以及其他相关人以当前公司章程与工商登记机关备案范本不符为由，与3名自然人股东签署新的公司章程，并说明"全体股东一致同意，为配合工商局对公司本次增资扩股变更手续之便，本次公司增资扩股变更中的公司章程存在两个版本，工商局备案的公司章程仅作为变更手续之需，公司本次增资扩股后运行以及经营管理活动，应按公司章程（执行稿）执行"。

后3名自然人股东与3名法人股东在经营中产生争议，3名法人股东计划使公司放弃在投资设立的新公司中的控股股东地位。遂于2017年7月7日向3名自然人股东发出临时股东会召开通知及相关议案。2017年7月14日，持股41%的自然人股东周某回函，表示股东会议案会使公司在新公司中失去控股股东地位，严重损害自然人股东利益，因此不同意召开也不会出席董事会。2017年7月22日，公司在自然人股东周某未出席的情况下仍以51%的表决权通过议案。

自然人股东认为股东会召集程序不合法，严重损害股东权益，因此应当予以撤销。遂向法院请求撤销股东会决议。①

（二）法院裁判

法院查明本案涉及的公司章程（执行稿）和工商登记的公司章程在股东会召集程序和表决方式上不一致。工商登记的公司章程第二十五条规定："公司设股东会，公司股东会由全体股东组成，为公司的最高权力机构。股东会会议，由股东按照出资比例行使表决权。出席股东会的股东必须超过全体股东表决权的半数以上方能召开。"但公司章程（执行稿）第二十六条规定，股东会会议由股东按照股权比例行使表决权。具有2/3以上表决权的股东出席的，股东会会议方能召开和有效。

法院认为股东会的召集程序和表决方式应当适用公司章程（执行稿），因此，2017年7月22日作出的股东会决议不成立。

---

① 详可参见（2017）川0112民初5629号民事判决书。

二、以案说法

本案主要有两个争议点：其一，在两个公司章程版本并存之时，确认股东会决议应当依据哪一个版本的公司章程；其二，自然人股东周某拒绝出席股东会议，是否构成滥用股东权利侵害公司利益的行为。

（一）应当适用哪一版本的公司章程

公司章程是全体股东集体意志的体现，对公司全体股东具有约束力。公司章程是公司内部治理的重要文件。但与此同时，公司章程也具有公示性，一定程度上调整与公司交易的第三人之间的法律关系。

本案中，两份章程所规定的召集程序和表决内容不一致。但公司章程（执行稿）由全体股东签章确认，而公司章程工商登记版本通过之时也明确说明了工商局备案的公司章程仅作为变更手续之需，公司经营管理活动应按章程（执行稿）执行。因此，在处理公司内部治理纠纷的时候，应当以公司章程（执行稿）为准。

本案中，由于自然人股东周某拒绝出席股东会，不符合公司章程（执行稿）第二十六条规定的"具有 2/3 以上表决权的股东出席的，股东会会议方能召开和有效"。因此，股东会的召开不符合章程规定召集程序，股东会决议不成立。

但需要注意，本案属于公司内部治理纠纷，公司股东对公司存在两个章程且以公司章程（执行稿）为准知情，因此适用公司章程（执行稿）是没有问题的。但如果涉及股东以外的第三人，且第三人无从得知公司通过内部决议产生的公司章程时，由于工商登记备案的章程具有对外公示的效力，此时备案的章程效力往往高于内部章程的效力。

（二）拒绝出席股东会是否构成滥用股东权利

自然人股东周某拒绝出席股东会会议可能会使公司治理陷入僵局。然而，这是否构成滥用股东权利对公司造成损失属于商业判断范畴，难以据此判断是否构成《中华人民共和国公司法》（以下简称《公司法》）第二十一条提及的"不得滥用股东权利损害公司或者其他股东的利益"。

自然人股东周某拒绝出席股东会会议的行为符合公司章程的规定，因而不属于《公司法》中滥用股东权利损害公司或者其他股东利益的行为。

三、专家建议

本案案情较为复杂，在此作了简化处理。实践中公司内部章程和外部章程并存的现象并不罕见，而哪一个版本的效力优先并不能一概而论。对于公司股东而言，公司章程是公司内部治理的纲领性文件，因而对于公司股东而言往往优先适用公司的内部章程。对于公司外部的第三人而言，其往往缺乏有效的途径和手段知悉公司的内部章程。考虑到公司在工商登记备案的章程具有一定的公示效力，在外部第三人进行合理审查仍未发现公司内部章程存在时，往往作为善意第三人而优先适用公司的外部章程。

四、关联法条

《中华人民共和国公司法》第二十一条、第二十六条、第六十五条；《最高人民法院关于适用〈中华人民共和国公司法〉若干问题的规定（四）》第五条第（三）项。

第十章　公司决议纠纷

股东被决议处罚了怎么办

公司章程关于股东会对股东处以罚款的规定，系公司全体股东所预设的对违反公司章程股东的一种制裁措施，符合公司的整体利益，不违反《中华人民共和国公司法》（以下简称《公司法》）的禁止性规定，应合法有效。但公司章程在赋予股东会对股东处以罚款的职权时，应明确规定罚款的标准、幅度，股东会在没有明确标准、幅度的情况下处罚股东，属法定依据不足，相应决议无效。

一、案例简介

（一）基本案情

A公司为一家财务会计公司，祝某为A公司员工，从事审核会计工作；同时，祝某为A公司的股东，出资2万元，持股1.11%。A公司《公司章程》载明：股东身份必须首先是员工身份，新加入的股东若3年内离开公司，其股份由公司强行回购。股东若利用在公司的地位和职权为自己谋私利的，必须全部转让其股份，由股东会强制取消其股东身份，股东会有权决议其罚款。祝某在《公司章程》上进行了签名，但该章程中未明确记载罚款的标准及幅度。2008 年 7 月 23 日，祝某向 A 公司提交书面辞职报告，双方的劳动关系解除。2009 年 1 月 5 日，A 公司召开股东会，决议：因祝某在公司不满 3 年即离职，在职期间以个人名义为与公司存有业务关系的公司提供私下服务，利用职务之便为与公司没有任何服务协议的企业提供过相同类型的服务业务，决定如下：由公司强行回购祝某在公司的全部股权，且处以人民币 50000 元的罚款。经法院审查，祝某存在上述违反公司章程的行为。A 公司因与祝某就罚款事宜发生纠纷，向南京市鼓楼区人民法院提起诉讼。①

（二）法院判决

一审法院认为，上述章程中的约定是 A 公司的全体股东所预设的对违反公司章程的股东的一种制裁措施，符合公司的整体利益，体现了有限公司的人合性特征，不违反《公司法》的禁止性规定，祝某亦在章程上签字予以认可，故包括祝某在内的所有股东都应当遵守。据此，A 公司的股东会依照《公司法》第三十七条第（十一）项之规定，享有对违反公司章程的股东处以罚款的职权。但未明确规定罚款的标准和幅度，股东会在没有明确标准和幅度的情况下处罚股东，属法定依据不足，相应决议无效。判决确认 A 公司 2009 年 1 月 5 日临时股东会决议第（二）项"对被告祝某处以人民币 50000 元的罚款"内容无效；驳回 A 公司要求被告祝某支付 25893 元的诉讼请求。

二、以案说法

本案争议焦点为：2009 年 1 月 5 日，原告 A 公司临时股东会

---

① 详可参见《最高人民法院公报》案例（2012 年第 10 期）。

对被告祝某罚款 5 万元的决议内容是否有效。

（一）有限公司股东会对股东处以罚款的依据

股东履行出资义务后，其与公司之间是平等的民事主体，相互之间具有独立的人格，不存在管理与被管理的关系，公司的股东会原则上无权对股东施以任何处罚。《公司法》第三十七条所规定的股东会的 10 项法定职权中，并不包括股东会可以处罚公司股东，在公司章程未作另行约定的情况下，有限公司的股东会并无对股东处以罚款的法定职权，如股东会据此对股东作出处以罚款的决议，则属超越法定职权，决议无效。但是，公司章程是公司自治的载体，既赋予股东权利，亦使股东承担义务，是股东在公司的行为准则，股东必须遵守公司章程的规定。因此，公司章程明确约定对股东的处罚事项及处罚措施，公司的股东会依照《公司法》第三十七条第（十一）项之规定，享有对违反公司章程的股东处以罚款的职权。本案中，祝某在章程上签字确认予以认可，视为同意接受公司章程的相关约定，A 公司有权对祝某进行处罚。

（二）罚款的标准和幅度

在公司章程规定股东会有权对股东进行处罚的情况时，应当同时明确罚款的种类以及幅度，使得股东可以事先预料对违反公司章程行为所应承担的后果。股东会若在没有明确标准、幅度的情况下处罚股东，不仅罚款依据不足，而且还可能被认定为滥用股东权利侵害其他股东利益，相关决议也属无效决议。笔者认为，第一，处罚标准必须明确，在制定公司章程赋予股东会对违反规定的股东行使处罚权时，应当细化载明股东触犯哪一类行为时进行处罚，不能模糊不清、一概而论的只要股东违反规定就予以处罚；第二，处罚幅度必须清晰，可参照公法上的情节较轻、情节严重、情节特别严重模式设定幅度，使得相应的违规行为有对应的处罚幅度；第三，处罚幅度应当合理、适当，股东会的处罚权本质上是私法自治的权利，且仅在相关的公司和当事人之间执行，因此，股东违反公司章程规定的，设定处罚幅度时可适当参考违约责任执行。本案中，虽规定了股东会有权对股东处以罚款，但却未在公司章程中明确记载罚款的标准及幅度，使得祝某对违反公司章程行为的后果无法做出事先预料，故 A 公司临时股东会所作出对祝某罚款的决议明显属法定依据不足，应认定为无效。

三、专家建议

公司章程可以约定股东会有权决议对违反公司章程约定的股东进行罚款。公司章程不但是股东之间的一种协议，也是公司治理的一种规则，其中预设的罚款措施，应视为对违反公司章程股东的一种制裁措施，符合公司的整体利益，体现了有限公司的人合性特征，不违反公司法的禁止性规定，合法有效。公司章程规定对股东进行罚款应遵循比例原则。在公司章程中明确规定罚款的标准和幅度，不仅需要对股东进行罚款的各种情形进行明确列举，而且需要根据股东的违约情形的轻重程度，对应不同类型的处罚标准，不可杀鸡用牛刀，明显地处罚过重；另外，罚款的标准和幅度需要明确透明，并且要告知到股东，使罚款相关事项具有可预测性。

四、关联法条

《中华人民共和国公司法》第十一条、第二十条、第二十二条、第三十七条。

未开会即表决该如何应对

公司决议是公司最高权力机构股东（大）会和经营决策机构董事会意志的直接体现，对公司经营发展和股东权益有着举足轻重的影响。根据目前法律体系，公司决议分为成立的公司决议及不成立的公司决议，在公司决议成立的前提下再分为有效的决议、无效的决议及可撤销的决议。现实生活中，存在表决权达到决议通过要求的控股股东不召开股东会即签署股东会决议的行为，该问题属于滥用资本多数决原则的行为，司法应予规制。相应的股东会决议不符合法定的形成程序要求，应当认定为不成立。

一、案例简介

（一）基本案情

甲公司设立于 2008 年，注册资金 100 万元，发起人为两位自然人，其中朱某持股 65%、王某持股 35%。公司章程规定，股东会会议应对所议事项作出决议，决议由代表 50% 以上表决权的股东表决通过即生效；但股东会对公司重大事项所作出的决定，必须由代表 2/3 以上表决权的股东表决通过才能生效。经营中，两股东产生矛盾，甲公司从 2009 年开始未再召开过股东会。2010 年，王某起诉要求解散公司。诉讼中，关于公司解散的条件之一即股东会机制有无失灵的问题，各方产生争议。王某认为，公司多年无法召开股东会，股东会机制长期失灵，属于公司经营管理发生严重困难的情形。而甲公司、朱某则认为，根据章程规定，除增资、解散等重大事项外，一般事项的决议仅需代表 50% 以上表决权的股东表决通过即可生效；公司仅有两位股东，朱某持股 65%，所代表的表决权已超过 50%，故即使王某不参加股东会，不作出任何表决，也不会影响公司的正常管理运作，另一股东仍可以召开股东会或临时股东会作出有效股东会决议。鉴于两股东的持股比例以及章程规定的议事规则，两股东之间不会形成有效对抗，股东矛盾并未引发公司决策机制失灵。

（二）法院裁决

法院生效判决认为，根据《中华人民共和国公司法》（以下简称《公司法》）第三十七条第二款规定，只有在股东对股东会所议事项以书面形式一致表示同意的情形下，才可以不召开股东会会议，直接作出决定，并由全体股东在决定文件上签名、盖章。进而言之，只要股东之间对股东会所议事项存在争议，就必须依法召开股东会。不召开股东会会议即就应由股东会所议事项作出决定，违反法律规定。朱某虽是甲公司的大股东，但其不通过股东会这一平台依法行使股东权，其意志无法上升为公司的意志，其直接签署的股东会决议不成立，对其他股东没有约束力。在此基础上，结合其他事实，法院判决解散甲公司。

二、以案说法

本案的争议焦点为：达到决议表决权通过要求的控股股东在不召开股东会即签署的股东会决议是否有效。

对于表决权达到决议通过要求的控股股东不召开股东会即签署的股东会决议，应当认定为不成立。（1）股东会决议的形成有法定程序要求。根据《公司法》规定，只有在股东对股东会所议事项以书面形式一致表示同意的情形下，才可以不召开股东会，直接作出决定，并由全体股东在决议文件上签名、盖章。换言之，只要股东之间对股东会所议事项存在争议，就必须依法召开股东会；不召开股东会就对应由股东会所议事项作出决定，明显违反法律规定。（2）资本多数决原则的适用并非没有边界。控股股东不召开股东会即签署股东会决议的做法，超越了资本多数决原则的合法适用范围，属于滥用资本多数决的行为。司法如果不予规制，则将架空《公司法》对公司内部治理的制度设计。（3）应正确理解股东会设置的内在价值。股东会是股东行使股东权的平台，股东通过行使表决权对待议事项作出自己的意思决定，众股东分散之意思决定通过表决权规则汇集形成集体意思，转化为公司意思。不通过股东会这一平台，包括控股股东在内的任何一个股东的意志均无法上升为公司意志。而且，股东会不仅是单纯的表决平台，亦是聚合集体智慧的沟通平台，通过股东会上的辩论、沟通，完全可能出现小股东说服大股东而改变其原有计划的情形。

三、专家建议

资本多数决原则使得控股股东天然地对公司具有更大的影响力，一旦持股比例达到决议通过要求，这种影响便具有决定性。这也使得控股股东常常基于自身的优势而对小股东的权利不重视甚至漠视。股东会会议中绝对地否定、忽视小股东的观点，甚至不再召开股东会即签署股东会决议的情形，也并不罕见。

作为大股东，在公司治理、召开股东会等应当严格按照法律规定的程序，避免作出的决议不生效。

作为小股东，在权利受到侵害后，应积极主动合法发表自己的意见，理性维权，寻找律师等法律专家的意见，在解决纠纷方式中选择一种最有利的途径进行维权，保护自身的合法权益。

四、关联法条

《中华人民共和国公司法》第二十七条；《最高人民法院关于适用〈中华人民共和国公司法〉若干问题的规定（四）》第一条、第三条、第五条。

股东会决议损害股东利益如何处理

在现代公司治理结构中，股东会作为公司最高权力机构扮演着决定性角色。股东会的决议直接影响着公司的运营和发展方向，因而其合法性与合理性至关重要。然而，并非所有股东会决议都是铁板钉钉，不可更改。在特定情况下，股东会的决议是可以被撤销的。

一、案例简介

（一）基本案情

楼某系 A 公司股东，A 公司于 2008 年 6 月作出股东会决议：（1）以楼某离职为由，责令楼某推出其持有的股份；（2）楼某股份由 A 公司其余 5 位股东平均受让并将楼某实际出资的 5 万元交至财务室；（3）A 公司 2007 年净资产为负数，利润负数，楼某无法享有 A 公司净资产份额，无法取得红利分红。2008 年 9 月，楼某诉至上海市某区人民法院，声称其中 2 位股东由另一股东季某代为开会表决，但无授权委托书，系争股东会召集程序、表决方式违反法律、行政法规或公司章程；受让其股份的股东中亦有 4 名离开 A 公司，未要求上述 4 位股东退股行为违反相关行政法规，也违反股东退休、离职必须退股的被告章程规定，请求判令撤销该股东会决议。

（二）法院裁决

法院认为，决议内容是否公平并非《中华人民共和国公司法》（以下简称《公司法》）规定的股东会决议撤销事由，对楼某主张仅针对 A 公司作出退股的决议不公平而请求撤销该项决议不予采纳。撤销 2008 年 6 月 27 日被告 A 公司股东会决议中第（2）项和第（3）项决议内容，驳回楼某其他诉讼请求。

二、以案说法

本案的争议焦点有两个：一是系争股东会召集程序、表决方式是否违反法律、行政法规或公司章程；二是楼某提出系争股东会决议内容违反公司章程是否有事实及法律依据？

（一）撤销股东会决议时效问题

按照《公司法》规定，对于股东会的决议，任何股东或者公司的董事、监事、高级管理人员，如认为该决议涉及股东会或者股东大会、董事会的会议召集程序、表决方式违反法律、行政法规或者公司章程，或者决议内容违反公司章程的，股东可以自决议作出之日起 60 日内，请求人民法院撤销。对于未被通知参加股东会会议的股东的撤销权，《公司法》作出一定的宽泛规定，即股东自知道或者应当知道股东会决议作出之日起 60 日内，可以请求人民法院撤销；自决议作出之日起 1 年内没有行使撤销权的，撤销权消灭。本案中，案涉股东会决议于 2008 年 6 月 27 日作出，虽然法院于同年 9 月 1 日受理，但是楼某于 2008 年 8 月 25 日向法院递交本案起诉状，楼某主张权利的时间应当自提交诉状之日起算，故本案楼某起诉未超过上述法定 60 日请求撤销期限。

（二）股东会召集程序、表决方式

股东会的召集分为公司设立后的首次股东会召集与除首次股

东会外的其他股东会召集，前者不涉及本文案例内容，不在此赘述。除首次股东会外的其他股东会会议包括定期会议和临时会议。定期会议的召开时间按照公司章程的规定执行。大多数情形下，公司的定期股东会每年召开 1 次或 2 次。特殊情况下，如果公司章程规定股东会定期会议的召开时间超过 2 年，例如 3 年 1 次。在此期间，如果没有召开临时股东会，此种情形并不属于《最高人民法院关于适用〈中华人民共和国公司法〉若干问题的规定（二）》第一条所规定的股东会僵局事由。临时会议的召开时间主要取决于具有临时股东会召开提议权的主体是否行使权利。

根据《公司法》第四十二条规定，有限责任公司股东会会议由股东按照出资比例行使表决权，但公司章程另有规定的除外。《公司法》或相关司法解释虽未规定此处的"出资比例"为认缴出资比例还是实缴出资比例，但按照司法实践的通常观点，同时考虑到注册资本认缴制的现实，有限责任公司股东会会议应由股东按照认缴出资比例行使表决权。此外，考虑到有限责任公司的人合性，《公司法》允许通过公司章程规定的方式采用其他的表决程序。

本案中，A 公司章程规定可书面委托他人参加股东会议，A 公司也已举证相应的委托书以及与系争股东会决议内容基本一致的书面意见，委托人也已到庭做证确认，所以两股东对系争股东会决议事项真实充分表达了自己的意见，季某代 2 人行使表决权并不存在瑕疵。

（三）公司章程对股东会决议的限制

公司章程是全体股东的决议，从私法自治的理念考量，章程内容只要不违反法律禁止性规定，合法有效，并对公司全体股东均具有约束力，股东会决议形成程序应符合公司章程的规定。在

《公司法》规定的公司章程的必备事项外，公司股东会认为需要规定的其他事项，也应当记载于公司章程。这是《公司法》有关公司自治的诸多规定之一，意味着《公司法》允许公司股东会通过依法作出决议，决定在公司章程中自主规定除法定必备事项外的其他事项。本案中，A公司章程约定，股东退股时以退股月份上月为结算月份，退还其在A公司享有的净资产份额。楼某退股的股东会是在2008年6月召开，那么就应以2008年5月为结算月份，退还楼某在A公司享有的净资产份额，故系争股东会第（2）项决议以及对该项决议补充的第（3）项决议的按楼某实际出资额受让股份违反A公司章程规定，应予撤销。

三、专家建议

股东会决议作为公司最高决策机构的决定，在产生过程中，无论从程序还是实体方面都应当慎之又慎，确保该决议合法有效。公司在召集股东会和进行决策时，应严格遵守相关法律和公司章程的规定。这包括召集程序、通知要求、表决方式等方面，决议过程中保证所有股东都应有机会发表观点和提出疑问，以确保决策过程的公正和透明。同时也要尊重少数股东的权益。即使是少数股东持有的股份较少，也应给予他们平等的发言权和表决权。这有助于确保决策结果对所有股东都公平合理。

四、关联法条

《中华人民共和国公司法》第二十二条、第二十五条、第三十九条、第四十二条；《最高人民法院关于适用〈中华人民共和国公司法〉若干问题的规定（二）》第一条。

跨境公司股东会决议无效情形有哪些

公司治理的核心在于决策机构的有效运作，而跨境公司则需在不同法域的法律框架下灵活运用治理权力。尤其当法院介入并确认跨境公司股东会决议的有效性时，如何在各方法律之间实现协调一致成为一项既重要又复杂的任务。只有准确认定了跨境公司股东会决议的效力，公司方能有效化解因自治机制失灵而产生的内部矛盾，从而维护公司的经营稳定。这不仅是对公司治理机制的要求，更是对跨境商业应对法律挑战的现实呼唤。

一、案例简介

（1）基本案情

A香港有限公司是广东佛山B有限公司的唯一股东。在一次股东会上，A公司作出了重大决议，罢免了陈某慈在A公司的董事职务以及在B公司的董事长职位，并任命陈某贵为B公司的新董事。陈某贵依据A公司的股东会决议，采取行动并取走了B公司的公章。这一举动引起了陈某慈和B公司的强烈反对。他们认为陈某贵的行为构成了对B公司权益的侵害，特别是公章的滥用可能带来重大的法律和商业风险。面对这一争端，陈某慈和B公司选择通过法律途径来解决。他们提起诉讼，主张陈某贵的行为违反了法律规定，并要求法院干预，阻止陈某贵进行B公司的工商变更登记，并要求返还 B 公司的公章。①

（二）法院裁决

1. 一审判决

A 公司在香港注册成立，根据《中华人民共和国涉外民事关系法律适用法》第十四条第一款的规定，应适用香港法律对 A 公司股东会决议的效力进行审查。香港特别行政区《公司条例》及香港律师意见认定，A 公司股东会的召开未达到有效的法定人数，故该决议被视为无效。由此而来的任命陈某贵为 B 公司董事的决议事项也因此失去法律效力。

因股东会决议无效，陈某贵无法合法代表 A 公司对 B 公司行使权利。其取走 B 公司公章且拒不返还的行为侵犯了 B 公司的经营管理权。然而，鉴于 B 公司已对公章作遗失处理，一审法院认为公章已无需返还。此外，陈某贵虽向工商行政管理部门递交了变更 B 公司法定代表人的申请，但该申请已被 B 公司撤回，陈某贵的行为未产生相应法律后果。综上，法院判决驳回了陈某慈和 B 公司的诉讼请求，清晰明了地处理了股东会决议无效引起的争议。

2. 终审判决

二审法院认为，一审判决在认定事实及适用法律方面存在瑕疵，但裁判结果正确，本院予以维持。上述瑕疵是由二审期间的新证据而确定的，因此一审法院在原有证据及当事人陈述的基础上所作判决并非错误裁判。根据《中华人民共和国民事诉讼法》第一百七十条第一款第（一）项的规定，判决如下：驳回上诉，维持原判。

---

① 详可参见（2019）粤 06 民终 10354 号民事判决书。

二、以案说法

综合各方当事人在二审期间的诉辩，本案二审中的争议焦点为：（1）A 公司于 2017 年 6 月 23 日、2017 年 9 月 14 日作出的股东会决议是否有效；（2）甲是否有权代表 A 公司任职于 B 公司。

就 A 公司于 2017 年 6 月 23 日和 2017 年 9 月 14 日召开的股东会决议是否有效的问题，以及 B 公司主张该两次决议无效，并提交了香港特别行政区高等法院案件的判决书及法律意见书为证据。首先，针对 2017 年 6 月 23 日的股东会决议进行审查。香港特别行政区《公司条例》第五百八十五条规定了成员大会的法定人数。而 A 公司的《组织章程细则》第六条第（a）款规定了法定人数的构成。根据该规定，A 公司的成员大会需由 2 名股东成员亲身或由代表代为出席方可构成有效法定人数。经查，2017 年 6 月 23 日股东会中，只有甲 1 人代表某公司出席，未达到有效的法定人数。因此，该次股东会召开未达到有效法定人数。

其次，对于 2017 年 9 月 14 日股东会，成员大会的出席者有 2 名，分别为甲和刘某，均代表 A 公司的同一股东某公司。综上所述，2017 年 9 月 14 日股东会亦未达到有效的法定人数。在法定人数不足的情况下，《组织章程细则》第六条第（b）款规定"除委任主席外，不得在该大会上处理任何事务"，因此，除了有关委任主席的事项外，其他决议均应认定为无效。因此，两次股东会上通过的全部决议均属无效。

在公司治理中，股东会决议的合法性直接关系到公司经营和管理的正常进行。A 公司在上述两次股东会上未能满足法定人数的要求，其决议因此失去了法定效力。这不仅涉及公司治理结构的合规性，也关系到股东的合法权益。审慎对待和确保股东会决议的合法性是公司经营的基础，也是公司可持续发展的重要前提。因此，上述决议中关于任命陈某贵为B公司董事的事项并不具备法律效力。陈某贵并未获得合法的代表权，因此无权行使A公司对B公司的任何权益。特别需要强调的是，陈某贵的行为涉及私自取走B公司的公章，并对多次要求返还公章的请求置之不理，直接侵犯了B公司的经营管理权。尽管B公司已经对公章进行了遗失处理，然而，这并不能掩盖陈某贵的行为对B公司合法权益的实质性侵害。陈某贵的行为违反了公司治理的基本原则，损害了B公司的独立性和合法运营权。此外，陈某贵虽然曾向工商行政管理部门递交了变更B公司法定代表人的申请，但该申请已被B公司撤回。所以，这并不能掩盖陈某贵在取走公章的过程中对公司合法权益的侵害。

总体而言，法院对于陈某慈及B公司的诉讼请求做出了驳回的判决。在佛山市中级人民法院的二审中，对原判的维持展现了法治的公正，有力地捍卫了公司治理的正常秩序，为公司独立运营权提供了有力的法律保障。这一判决为公司治理提供了明确的法律指引，确保公司合法利益不受侵害，彰显了法律对公司治理的有效维护。

三、专家建议

为了确保跨境公司在复杂法律环境中的合规经营，建议采取以下综合措施：

（1）公司应根据各法域的法律要求，建立清晰的股东、董事会及管理层的决策机制，确保所有决议符合法律规定，以避免股东滥用权利，保护公司及其他股东或债权人的利益。

（2）强化法律合规审查机制。建议设立专门的法律合规团队，定期审查跨境交易和利润分配的合法性，确保不超越法定职权，并防范重大不当关联交易及违法分配利润的风险。通过专业的法律评估，增强公司的风险防控能力。

（3）定期进行法律培训与风险评估是确保长期合规经营的重要环节。通过培训提升管理层和员工的法律意识，定期评估跨境业务的法律风险，及时识别并应对潜在问题，有助于为公司的持续发展提供坚实的法律保障。

四、关联法条

《中华人民共和国涉外民事关系法律适用法》第十四条。

第十一章　法定代表人与公司印章纠纷

"方""圆"印章之争

印章在现代商业活动中扮演着重要角色。日常生活中可见形状各异的印章，如圆形、方形、扁形等，但用于正式场合的印章只能为圆形。

一、案例简介

（一）基本案情

叶某喜欲向普恒公司购买手机销售，因普恒公司拒绝与其个人交易，遂向张某要求提供交易场所和公章。张某告知叶某喜只能提供方章，没有公章，张某电话通知中国电信某营业厅营业员要求予以配合。叶某喜与普恒公司同往中国电信某营业厅，由营业员在《销售合同》及叶某喜书写的收货收条上加盖方章，合同日期为2015年12月4日，收条日期为12月5日。当天在中国电信某营业厅外车上，普恒公司交付了部分货物，后在珠江路完成交货。收货后，叶某喜于同年12月18日、25日分两次支付普恒公司货款14万元。2016年5月，叶某喜因涉嫌刑事犯罪被羁押。中国电信南京分公司提供的合同显示，该营业厅代理商为南京苏冠公司（法定代表人为张某）。张某在本案合同发生时，在该营业厅所在地址持有个体苏通手机销售店营业执照。叶某喜被羁押后，普恒公司与张某联系，并向中国电信某营业厅发出律师函。《销售合同》约定标的为98台手机，总价款46万元，除叶某喜已付14万元外，尚应支付32万元；合同约定收货后7日内付清价款，逾期按每日千分之五偿付违约金。《销售合同》采购人处及落款处均盖有方形印章，印章内容为"中国电信某营业厅"，营业厅的宣传资料上均盖有该印章。普恒公司向法院提起诉讼，要求中国电信南京分公司、张某立即向其支付货款32万元及逾期付款利息违约金3万元。[①]

（二）法院裁决

1. 一审判决

一审法院认为，张某与叶某喜的行为成立表见代理。张某有义务履行合同付款义务。普恒公司主张中国电信南京分公司构成表见代理无充足依据。遂判决张某应付普恒公司货款32万元、违约金3万元。

2. 二审判决

张某不服一审判决，遂上诉。二审法院认为，案涉行为并不属于表见代理，一审判决适用法律虽有瑕疵，但实体处理正确。遂判决驳回上诉，维持原判。

3. 终审判决

张某不服，申请再审。再审法院认为，案涉《销售合同》普恒公司的交易相对方应为叶某喜，而非张某，普恒公司主张张某个人承担责任，无事实和法律依据。一审、二审法院认定张某对于案涉货款承担给付义务错误。遂判决撤销一审、二审判决，驳回普恒公司的诉讼请求。

---

① 详可参见（2019）苏民再364号民事判决书。

二、以案说法

本案的争议焦点主要为，案涉《销售合同》普恒公司的交易相对方如何确定，张某应否承担案涉货款的给付义务？

本案中，一审、二审、再审法院的观点皆不同，主要是对张某允许叶某喜到其控制的中国电信某营业厅内交易，并在《销售合同》上加盖中国电信某营业厅方章的行为认识不同。一审法院从保护相对人信赖利益角度入手，认为张某为叶某喜与普恒公司协商的合同关系加盖方章并提供交易场所，张某在事情发生时实际控制中国电信某营业厅，普恒公司有理由相信叶某喜代表电信营业厅的实际控制人张某，故叶某喜对张某成立表见代理；而电信营业厅代理商没有电信服务以外的代理权限，且普恒公司作为通信器材经销商应当知道电信营业厅的经营模式，故对中国电信南京分公司不构成表见代理。二审法院认为不构成表见代理，但因营业厅负有保管印章的义务，在没有证据证明系叶某喜私自加盖印章的前提下，加盖印章的行为应视为营业厅同意作为交易对象，代叶某喜履行相应合同义务。以上两种观点的错误之处在于，忽略了案涉合同上加盖的方章的作用与效力。再审法院认为，普恒公司考虑到交易安全，不愿与叶某喜个人进行交易，要求叶某喜在《销售合同》上加盖中国电信南京分公司的公章，普恒公司认可的交易对象系中国电信南京分公司而非张某个人，在此情况下，普恒公司对于《销售合同》上加盖的印章负有更加审慎的审查义务。案涉《销售合同》采购人处、落款处以及《收货收条》收货单位处加盖的印章系方形印章，印章内容为中国电信某营业厅。该方形印章并非国家规定的公司印章形式，且普恒公司亦未举证证明该方形印章用于中国电信某营业厅宣传资料以外的事项，故该方形印章不能代表中国电信南京分公司,也不能代表张某经营的苏通手机销售店。案涉《销售合同》上没有张某的签字,且未加盖苏通手机销售店印章,普恒公司亦未提交证据证明叶某喜系取得了张某的授权与其签订《销售合同》,且《销售合同》所涉的部分货款亦由叶某喜支付给普恒公司,由此认定中国电信南京分公司、张某及其手机店均不是交易相对人,不需要履行合同义务。

三、专家建议

合同纠纷中,合同上各方加盖的印章极为关键,它代表了相关公司是否有交易的意思表示以及承担合同义务的主体是否明确。因此,在订立合同时,要根据合同的具体内容,要求公司加盖公章或者合同专用章,最好要求公司法定代表人签字,如果是其他人代表公司签署,可以根据其职权判断是否有权处理合同涉及的事务,如果无权,可以要求其附加授权书。如果合同有多页,需要加盖骑缝章。最后,应注意印章名称是否与公司名称相对应。

四、相关法条

《中华人民共和国公司法》第四十八条、第四十九条;《中华人民共和国企业破产法》第三十五条;《最高人民法院关于适用若干问题的规定(二)》第四十六条。

法定代表人借款用于公司经营
应以公司名义

很多公司存在借款难问题，有的法定代表人为替公司筹集资金，不得不发动自己的人脉关系借款。法定代表人可以代表公司从事民事活动，但这并不意味着法定代表人在从事任何民事活动时都可置身事外，所产生的法律后果完全由公司承担。因此在借款用于公司经营时，法定代表人应明确以公司名义进行，否则便会背上还款责任。

一、案例简介

（一）基本案情

张某系泰达公司的法定代表人。2013 年 11 月 26 日，泰达公司作为买方（甲方）与案外人北京 A 公司作为卖方（乙方）签订订货合同，双方约定：产品名称为 Inferno 声波电子干扰器套件，合同总金额为 133 万元，付款方式为甲方在合同签订之日起 3 日内向乙方支付合同总金额 100% 款项，即 133 万元；乙方收到款项后根据甲方需要开具发票，甲方应在开票前 10 日将开票时间和开票信息书面通知乙方。2013 年 11 月 29 日，案外人上海 B 公司向北京 A 公司转账 133 万元，附加信息及用途载明为借款。2014 年 10 月 22 日，张某向施某出具借款单一份，载明：2013 年 11 月 29 日因 Inferno 声障产品代理货款事宜，向施某借款人民币壹佰叁

拾叁万元整，经协商，此款继续借用，按月息 1% 计算，自 2014
年 10 月 22 日起计款，暂定一年内归还本金利息。落款处有施某
及张某签字，并备注有身份证号。2017 年 9 月 16 日，张某通过
其名下尾号为 5373 的银行账户向施某名下尾号为 6472 的银行账
户转存 20 万元。施某于 2017 年 10 月向法院提起诉讼，要求张某
归还借款 133 万元及利息，泰达公司承担连带责任。2018 年 3 月
10 日，上海 B 公司向一审法院提交确认书，载明：本公司就 2013
年 11 月 29 日从本公司账户打入北京 A 公司人民币 133 万元事宜
作如下确认：上述款项系本公司根据施某的要求打入北京 A 公司
账户，该款系施某出借给张某的借款。上述款项所有权属于施某，
本公司不会就上述款项再向包括北京 A 公司、张某在内的任何人
催讨。[①]

（二）法院裁决

1. 一审判决

一审法院认为，张某向施某举借债务之行为应认定为其个人
行为，由张某承担相应的法律责任。其作为借款人，应按照双方
约定向施某归还借款。关于泰达公司的责任，施某提供的证据足
以证明涉案借款系用于泰达公司的经营，泰达公司应承担连带责
任。遂判决张某向施某归还借款 133 万元及利息，泰达公司对张
某负有债务承担连带还款责任。

2. 终审判决

二审中，张某认为，本案借款主体为泰达公司，用途为支付
泰达公司的订货款，张某在借条上签字是其作为泰达公司的法定
代表人在没有携带公章的情况下代表公司签字，张某个人不是案

---

① 详可参见（2018）沪 01 民终 6933 号民事判决书。

涉借款的借款人，不应承担还款责任。二审法院认为，张某关于案涉借条上签字仅是作为法定代表人的职务行为，且借款用于公司经营，其个人不应承担还款责任的上诉理由缺乏事实和法律依据。遂判决驳回上诉，维持原判。

二、以案说法

本案的争议焦点主要为，施某主张的债务系张某个人债务还是泰达公司的企业债务？

企业债务，是指公司与特定人之间的债权债务关系，包括公司贷款、应付账款、未付款的采购件等，都属于公司的债务，特点是双方签订的合同上加盖有公司公章。而个人债务，则与公司无直接关系，特点是签订的合同只有个人签名，没有加盖公司公章。《最高人民法院关于审理民间借贷案件适用法律若干问题的规定》第二十二条规定，法人的法定代表人或者非法人组织的负责人以单位名义与出借人签订民间借贷合同，有证据证明所借款项系法定代表人或者负责人个人使用，出借人请求将法定代表人或者负责人列为共同被告或者第三人的，人民法院应予准许。法人的法定代表人或者非法人组织的负责人以个人名义与出借人订立民间借贷合同，所借款项用于单位生产经营，出借人请求单位与个人共同承担责任的，人民法院应予支持。本案中，张某向施某出具借款单时具有双重身份，其行为究竟系个人行为还是职务行为，取决于其是以个人名义还是法人名义从事相应的民事活动，虽然施某提供的订货合同、银行业务回单、借款单可证明本案所涉借款的用途系用于支付泰达公司的订货款，但根据借款单的载明内容，未直接反映出张某是以法人名义向施某举借债务，相反的是，落款处备注了张某的个人身份证号码，以及张某通过个人账户向施某归还部分钱款。因此，本案应属公司法定代表人以个人名义对外签订借款合同而所借款项用于公司生产经营的情形，依据法律规定并不能免除法定代表人个人的还款责任。

三、专家建议

法院在确定借款关系的主体时会综合签约主体，实际归还部分还款的主体等信息。因此，公司法定代表人在对外签订借款合同时应以公司名义，加盖公章。若仅以个人名义而所借款项用于公司生产经营，虽然公司也会承担相应连带还款责任，但这并不能免除法定代表人个人的还款责任，法定代表人个人仍是该借贷关系中的还款义务人。

四、相关法条

《中华人民共和国民法典》第六百七十四条、第六百七十五条、第六百七十六条；《最高人民法院关于审理民间借贷案件适用法律若干问题的规定》第二十二条。

法定代表人越权担保有效力吗

部分公司的法定代表人为满足一己私利，利用职务之便，代表公司越权提供担保，损害了公司、其他股东以及债权人的利益。法定代表人越权担保的效力究竟如何？

一、案例简介

（一）基本案情

2019年2月13日，浦发银行兰州分行与御马公司签订《融资额度协议》，约定融资额度1000万元，使用期限3年，由宝杰公司提供抵押担保，马某军、马某娟、沈某军提供保证担保。同日，浦发银行兰州分行与宝杰公司签订《最高额抵押合同》，约定以宝杰公司名下商铺31处，为御马公司的债权提供最高额抵押担保，后依法办理了抵押登记。宝杰公司向浦发银行兰州分行提交2019年2月13日形成的股东会决议，记载公司愿以商业用房作为提供抵押担保。2020年2月18日，浦发银行兰州分行与马某军、马某娟、沈某军签订《最高额保证合同》，均约定为御马公司的1000万元融资提供保证担保，保证方式为连带责任保证。同日，浦发银行兰州分行与御马公司签订《流动资金借款合同》，约定御马公司借款1000万元，用于偿还贷款本金。同日，宝杰公司向浦发银行兰州分行出具《承诺书》，宝杰公司在原抵押担保不变的情况下，愿为御马公司1000万元贷款提供连带担保责任。同日，宝杰公司出具《关于为续贷贷款提供担保确认函》，表示继续提供抵押担保；马某军、马某娟、沈某军出具《关于为续贷贷款提供担保确认函》，表示继续提供保证担保。2020年2月18日，浦发银行兰州分行向御马公司发放贷款1000万元。2020年6月22日，御马公司向浦发银行兰州分行发出《告知函》，告知该公司无经营活动长达10多个月，正常维持经营已无可能，已无力偿还本息，当月利息已发生逾期；并称担保方宝杰公司因资产转让引发股东矛盾等导致担保也产生重大风险。浦发银行兰州分行向法院提起诉讼，要求御马公司清偿1000万元借款本金及利息、违约金，宝杰公司承担抵押担保责任，其有权就其抵押房产及其对应土地使用权之拍卖、变卖所得价款优先受偿，宝杰公司、马某军、马某娟、沈某军对前述债务及费用承担连带保证责任。①

（二）法院裁决

1. 一审判决

一审法院认为，御马公司已构成违约，浦发银行兰州分行可宣布借款提前到期并主张债权及担保权。宝杰公司以名下商铺31处提供最高额抵押担保，依法办理了抵押登记，抵押权有效设立。马某军、马某娟、沈某军与浦发银行兰州分行均签订《最高额保证合同》，为御马公司提供保证担保，合同均合法有效。浦发银行兰州分行主张宝杰公司承担连带清偿责任的依据是宝杰公司出具的《承诺书》。该《承诺书》不符合《中华人民共和国公司法》（以下简称《公司法》）第十六条的规定，归于无效，由此形成的保证合同无效，浦发银行兰州分行主张宝杰公司承担连带清偿责任无事实和法律依据。遂判决御马公司向浦发银行兰州分行偿还

---

① 详可参见（2021）甘民终110号民事判决书。

1000万元借款本金及利息，浦发银行兰州分行有权对宝杰公司名下31处商铺优先受偿，马某军、马某娟、沈某军承担连带清偿责任。

2.终审判决

浦发银行兰州分行认为宝杰公司出具的《承诺书》有效，宝杰公司应承担连带保证责任，遂上诉。二审法院认为，马某军在承诺书上签字并加盖公章，为其独资的关联公司提供担保，不符合公司利益，且没有证据证实马某军已经向股东会做了报告。浦发银行兰州分行关于承诺书有效，宝杰公司应当承担连带保证责任的主张，不符合法律规定。遂对一审判决相关判项予以维持。

二、以案说法

本案的争议焦点主要为，《承诺书》效力如何认定，宝杰公司应否承担连带保证责任？

《公司法》第十六条规定，公司为公司股东或者实际控制人提供担保的，必须经股东会或者股东大会决议，且该股东或受实际控制人支配的股东，不得参加表决，由出席会议的其他股东所持表决权的过半数通过。上述规定是为防止法定代表人随意代表公司为他人提供担保，从而给公司造成损失，损害中小股东利益。规定在关联担保的情形下必须由股东会决议，且需关联股东不参加表决的情形下由出席会议的其他股东所持表决权的过半数通过。本案中，御马公司系马某军个人独资的一人有限责任公司，在宝杰公司出具承诺书时，马某军系宝杰公司持股51%的股东、法定代表人，宝杰公司在本案中提供的担保即属于关联担保，依照上述法律规定必须经股东会作出符合法律规定的决议。而本案中，宝杰公司并未向浦发银行兰州分行提供任何股东会决议，故宝杰公司向浦发银行兰州分行提供的保证担保并不符合《公司法》第十六条的规定，构成越权代表。法定代表人越权担保并不意味着担保合同当然无效，还需要考虑到相对人对于担保行为的发生是否善意。《全国法院民商事审判工作会议纪要》对越权代表的情形进行规范，即在关联担保并构成越权代表情形下，债权人应举证证明在订立保证合同时对股东会决议进行审查，并在关联股东不参加表决的情形下由出席会议的其他股东所持表决权的过半数通过。本案中，并未形成股东会决议，仅有法定代表人在《承诺书》上签字并加盖公章，且未得到宝杰公司认可，浦发银行兰州分行并非善意。因此，《承诺书》因不符合法律规定而无效，宝杰公司不承担连带保证责任。

三、专家建议

为防止法定代表人越权担保造成损害，公司应加强内部管理，规范担保的决议程序，保证担保决议的作出符合法律以及公司章程的规定，保护公司以及股东的权益。对于债权人而言，应当在担保合同订立前参照公司章程，仔细审查公司相应决议文件的合法性、真实性，同时也应当对照公司证照核对参与表决人员的身份信息等其他事项，尽到合理的审查义务，切实保护自身的合法权益。

四、相关法条

《中华人民共和国民法典》第三百九十二条、第四百零三条、第四百二十条、第五百零九条、第五百七十七条、第六百六十七条、第六百七十四条、第六百七十五条、第六百七十六条；《中华人民共和国公司法》第十五条、第七十五条。

法定代表人真的能够代表法人吗

很多公司股东错误地认为，公司的法定代表人只是他们的形式代表、"吉祥物"，而公司股东会、董事会才能真正替公司作出决策，这实在是轻视了法定代表人的"负责人"地位以及相应权利，相关公司将会因为这种错误认识付出代价。

一、案例简介

（一）基本案情

联发公司成立于 2006 年 11 月 9 日，邓某祥原系该公司法定代表人、执行董事、经理。2015 年 8 月 20 日，邓某祥作为联发公司的法定代表人与第三人建昌公司签订《临桂联发油气站施工协议书》，协议约定由建昌公司以包工包料的方式承包位于临桂某地的节能油改气生产线及附属服务设施工程，双方按实际工程量进行工程价款结算；应联发公司的要求，建昌公司要缴纳 100 万元保证金，联发公司在 3 个月满时予以返还，如不能按时返还，则支付违约金；联发公司必须在通知建昌公司进场施工前 15 天办理好土地证、建设规划许可证、环保证、施工许可证，如没有发办好四证，建昌公司受到的损失由联发公司负责。后建昌公司陆续向邓某祥个人账户转账 100 万元。协议签订后，建昌公司作为工程实际承包人进场施工，由于案涉工程未能办理四证，无法正常施工，一直处于停工状态。2015 年 11 月 3 日，联发公司法定代表人、执行董事、经理由邓某祥变更为潘某成。2018 年 6 月 26 日，建昌公司与付某良签订《债权转让协议书》，约定将支付给联发公司法定代表人邓某祥的 100 万元保证金债权转让给付某良。2018 年 7 月 23 日，建昌公司书面通知联发公司，向付某良履行返还义务、承担违约责任。经付某良催要，联发公司、邓某祥未按协议约定退回保证金。2018 年 11 月 29 日，临桂县公安局在办理邓某祥涉嫌诈骗一案中，发现联发公司用于协议的印章与备案印章不一致。邓某祥亦认可在案涉协议上加盖的公章不是联发公司登记备案的公章。付某良在催要保证金未果后，向法院起诉，要求联发公司向其返还保证金，支付违约金，邓某祥承担连带责任。[①]

（二）法院裁决

1. 一审判决

一审法院认为，联发公司不具备相应的施工资质，案涉施工协议，因违反法律、行政法规的强制性规定，应认定为无效合同。合同无效，因合同取得的财产应予返还。故联发公司应返还建昌公司合同保证金，签订案涉协议时，联发公司的财产与邓某祥个人财产混同且无法区分，构成人格混同，故邓某祥应承担连带责任。遂判决联发公司返还付某良合同保证金并支付资金占用利息，邓某祥对上述债务承担连带清偿责任。

2. 终审判决

二审中，联发公司主张邓某祥虽是其法定代表人，但公司股东并未授权其对公司重大事项可单独作出决定。且邓某祥在签订案涉合同及收费时使用的公章是其私刻的，因此收取保证金是其个人行为，与联发公司无关。二审法院认为，邓某祥在签订案涉

---

① 详可参见（2021）桂民终 345 号民事判决书。

施工协议书时系联发公司的法定代表人，其在施工协议书上加盖联发公司公章及个人印章，属于职务行为。联发公司的主张于法无据。遂判决驳回上诉，维持原判。

二、以案说法

本案的争议焦点主要有两个：一是邓某祥是否能代表联发公司对外签订协议？二是案涉施工协议上加盖的假公章是否可以排除联发公司的责任？

《中华人民共和国民法典》第六十一条规定，依照法律或者法人章程的规定，代表法人从事民事活动的负责人，为法人的法定代表人，由董事长、执行董事或者经理担任，并依法登记。法定代表人以法人名义从事的民事活动，其法律后果由法人承受。法人章程或者法人权力机构对法定代表人代表权的限制，不得对抗善意相对人。第五百零四条规定，法人的法定代表人或者非法人组织的负责人超越权限订立的合同，除相对人知道或者应当知道其超越权限外，该代表行为有效，订立的合同对法人或者非法人组织发生效力。由此可知，法人的法定代表人在订立合同时超越权限，对于这种合同是否具有法律效力，主要的标准是相对人是否知道或者应当知道其超越权限。如果相对人知道或者应当知道对方的法定代表人超越权限，这个相对人就是非善意的，订立的这个合同就不发生效力，法人或者非法人组织就可以以此对抗非善意的相对人，主张合同无效或者不生效。如果相对人不知道也不应当知道法定代表人订立合同超越权限，且无过失，即相对人为善意的，则该代表行为有效，订立的合同发生法律效力，法人不得以法定代表人超越权限而对抗善意相对人，不得主张该合同无效。本案中，邓某祥在签订案涉施工协议时，系联发公司法定代表人、执行董事、经理，其有权代表联发公司对外签订协议。虽然经公安机关鉴定以及邓某祥认可，案涉施工协议上加盖的公章不是联发公司登记备案的公章，但是邓某祥以法人代表名义签订合同，其行为属于对外以联发公司名义从事商事经营活动的职务行为。且建昌公司在签订案涉施工协议书时基于工商登记邓某祥为联发公司法定代表人公示效力的信赖，与邓某祥协商签订案涉施工协议，已尽到合理的谨慎注意义务。因此，邓某祥代表联发公司签订案涉施工协议书所产生的法律后果应由联发公司承担。

三、专家建议

法定代表人的地位和作用不容忽视，因此在选择人员担任法定代表人时，应谨慎。在法定代表人因执行职务与第三人产生民事法律关系后，相应的法律后果应由公司承担，公司此时想撇清自身责任，为时已晚。

四、相关法条

《中华人民共和国民法典》第六十一条、第五百零四条、第五百四十五条、第五百四十六条;《中华人民共和国公司法》第二十一条、第二十三条。

公司公章引发的无权代理与表见代理之辩

公司公章是公司处理内外部事务的印鉴，盖了公章的文件便具有法律效力，因此拥有公司公章一般会被看作具有了表见代理的权利外观。但在有些情形下，加盖公司公章作出的意思表示仍会被认定为无权代理。

一、案例简介

（一）基本案情

2012年9月17日，王某波（甲方）、游某华（乙方）及长枫公司、兰州信城公司、成都信城公司（丙方）签订《借款协议》，约定甲方借款人民币2000万元给乙方，借款期限为3个月。《借款协议》第六条担保条款中约定：丙方作为乙方本次借款合同担保人，担保方式为连带责任担保。成都信城公司在丙方处加盖公司公章及法定代表人李某平私章。后游某华收到2000万元借款。游某华于2015年6月1日出具的《确认书》载明：截至5月31日，尚欠王某波本金及利息；承诺在6月30日前将部分房屋产权过户到王某波名下，以此抵偿债务；长枫公司、兰州信城公司、成都信城公司共同对上述本金、利息等费用承担连带保证责任，直至欠款本息还清时止。该《确认书》经游某华签字确认，长枫公司、兰州信城公司、成都信城公司及其法定代表人李某平均在该《确认书》连带责任保证方处盖章确认。后王某波提起诉讼，要求游某华偿还本金及利息，兰州信城公司、长枫公司、成都信城公司对游某华的债务承担连带清偿责任。后经成都信城公司申请，法院对案涉 2015 年《确认书》中成都信城公司印章及李某平私章进行鉴定，发现该《确认书》上成都信城公司印章及李某平私章与备案章不一致。游某华、成都信城公司均认可在案涉《借款协议》《确认书》上的成都信城公司印章和李某平私章均是非备案章。①

（二）法院裁决

1. 一审判决

一审法院认为，在案涉《借款协议》签订时，兰州信城公司系成都信城公司的大股东，游某华作为兰州信城公司的法定代表人，担任了成都信城公司的执行董事。在游某华持有成都信城公司公章的情况下，其权利外观足以使出借人王某波相信为案涉借款提供担保系成都信城公司的真实意思表示。王某波已经尽到了合理的注意义务，其有理由相信游某华有权代表成都信城公司作出意思表示。游某华加盖成都信城公司印章的行为构成表见代理。遂判决游某华向王某波归还借款本金并支付利息，兰州信城公司、长枫公司、成都信城公司对游某华的上述债务承担连带责任，承担保证责任后，有权在各自清偿限额内向游某华追偿。

2. 终审判决

二审中，成都信城公司认为，游某华以成都信城公司名义签署《借款协议》《确认书》时，游某华虽为成都信城公司执行董事，但其既非公司法定代表人又非公司股东，其行为并未得到公司法定代表人或公司股东会的授权，成都信城公司又未予追认，

---

① 详可参见（2019）川民终 445 号民事判决书。

属无权代理。二审法院认为，本案中，游某华为满足自身资金需求向王某波借款，在未经成都信城公司及法定代表人授权的情况下，私刻公司和法定代表人印章，以成都信城公司名义提供连带责任保证，应当认定游某华以成都信城公司的名义与王某波订立保证条款并加盖公司及法定代表人印章的行为系无权代理。成都信城公司上诉理由成立。遂判决撤销成都信城公司对游某华的债务承担连带责任的判决。

二、以案说法

本案的争议焦点主要为，游某华的行为是否构成表见代理？

表见代理行为的本质是无权代理，但因立法对相对人的信赖利益保护而使被代理人承担了法律后果，但要求相对人善意无过失。因此，表见代理是否成立应从游某华是否具有表征代理权存在的外观、王某波对相关的权利外观的信赖是否合理两方面考量。立法对公司转投资和对外担保行为与公司对外从事其他民商事交易行为的态度并不一致。在公司为他人提供担保这一可能影响股东利益的场合，立法规定了公司机关决议前置程序以限制法定代表人的代表权限。在公司内部，为他人提供担保的事项并非法定代表人所能单独决定，其决定权限交由公司章程规制，或由公司股东决定，或委诸董事会集体讨论决定；在为公司股东或实际控制人提供担保的场合，则必须交由其他股东决定。因此，能够证明游某华享有以成都信城公司名义为他人提供担保的代理权外观的证据，只能限于成都信城公司的股东会或者董事会的授权，或者是能够证明担保行为确系成都信城公司真实意思的其他相关证据。而本案中，游某华既非成都信城公司股东，也非该公司法定代表人，只是执行董事，仅依凭游某华持有成都信城公司印章和法定代表人私章不足以彰显其代理权限的存在。王某波既未核实游某华的代理权限，亦未要求游某华出示委托书、公司决议等能够证明代理权限存在的证据，未尽通常情形下的注意义务，至少为重大过失，对王某波有权代理的信赖不合理。因此，游某华的行为为无权代理而非表见代理。

三、专家建议

从公司的角度来看，要尽量谨慎地对待公司印章，避免将印章交由不能代表公司利益的人保管，否则便可能被表见代理，使公司承受不必要的法律责任。从相对人的角度来看，在与公司建立民事法律关系时，要尽到注意义务，做好法律要求的形式审查，避免因无权代理而给自己带来的法律风险。

四、相关法条

《中华人民共和国民法典》第五百零九条、第五百七十七条、第六百七十四条、第六百七十五条、第六百七十六条、第六百八十一条、第六百九十三条、第七百条;《最高人民法院关于审理民间借贷案件适用法律若干问题的规定》第二十一条、第二十六条。

第十二章　股权转让纠纷

"一股二卖"，股权应当归属于谁

　　股权转让作为市场经济中重要的资本运营手段，对于优化资源配置、促进企业发展和实现资本增值具有重要意义，其规范性和安全性也日益受到重视。然而，在股权交易过程中，原股东违反约定将已经出售的股权再次出卖，造成"一股二卖"甚至是"一股多卖"的情形并不少见，可能引发一系列的法律问题。

一、案例简介

（一）基本案情

　　龚某平与龚某于2011年2月25日签订了《股权转让意向书》一份，约定龚某平、赵某燕将其持有的A公司100%股权转让给龚某，股权转让价格2.8亿元。2011年5月30日，双方又签订了《股权转让补充协议》，约定龚某平将其名下的A公司股权转让给龚某等事宜。

　　2013年12月19日，龚某根与龚某平签订《还款协议书》一份，载明龚某拟收购龚某平、赵某燕夫妇持有的A公司100%股权，但仅支付了2000万元转让款，其余款项未支付。就该事宜，龚某根与龚某平协商一致，A公司的股权改由龚某根收购，原龚某与龚某平、赵某燕夫妇签订的股权转让协议的所有责任、权利随之转移给龚某根。

《还款协议书》还约定，协议签订后，龚某与龚某平、赵某燕的转让手续全部解除，A公司的法定代表人也经由龚某变更为龚某根指定人士，龚某与A公司再没有任何关系。

后由于龚某根亦未能支付股权转让款项，龚某平作为原告诉至法院，要求龚某根立即支付龚某平股权转让款，并赔偿逾期付款利息损失，同时配合办理股权转让变更手续。

被告龚某根及第三人龚某认为，龚某平已经将案涉股权转让给第三人龚某，其丧失A公司股权的处分权，因此《还款协议书》无效，龚某平与龚某之间签订的《股权转让协议》应继续履行。

（二）法院裁决

1. 一审判决

一审法院认为，龚某平与龚某签订《股权转让意向书》及《股权转让补充协议》在先，与龚某根签订《还款协议书》在后。股权转让意向书及补充协议系龚某平与龚某的真实意思表示，合法有效，故龚某平与龚某之间已经产生了股权转让效力。后续龚某平与龚某根签订《还款协议书》的行为，属于无权处分行为，龚某要求确认龚某根与龚某平之间的《还款协议书》无效证据充足，理由充分，应予以支持。故，龚某平要求龚某根按照该协议书的约定支付股权转让款及相应的逾期还款利息，并办理股权转让登记手续证据不足，理由不充分，难以支持。

2. 终审判决

二审法院认为，由于具有股权转让内容的本案《还款协议书》系龚某平与龚某根的真实意思表示，内容不违反法律行政法规的强制性规定，其不能仅因"一股二卖"而确认无效，本案《还款协议书》应认定合法有效，原判确认《还款协议书》无效，系适用法律错误。但鉴于 A 公司的股权至今登记于龚某平、赵某燕名下，且龚某根不能根据善意取得获得股权，故龚某平请求龚某根支付股权转让款并办理股权过户手续缺乏事实和法律依据，二审法院予以维持。[①]

二、以案说法

本案的争议焦点主要有两个：一是龚某根与龚某平在后签订的涉及股权转让内容的《还款协议书》是否有效？如果有效，是否应予继续履行？二是龚某根是否应支付龚某平股权转让款，并赔偿相应的逾期付款利息损失？

（一）"一股二卖"中，在后签订涉及股权转让内容的《还款协议书》效力

本案中，龚某平已经将其名下 A 公司的股权转让给龚某，事后又将该股权转让给龚某根，属于典型的"一股二卖"行为。对于"一股二卖"中的两份股权转让合同的效力以及两位股权受让人谁能请求转让人履行合同并取得股权问题，须根据相关法律规定予以综合评判。由于具有股权转让内容的本案《还款协议书》系龚某平与龚某根的真实意思表示，内容不违反法律行政法规的强制性规定，其不能仅因"一股二卖"而确认无效。根据《中华人民共和国合同法》（已废止）第五十二条的规定，本案《还款协议书》应认定合法有效。

但是，本案中龚某根与龚某虽系父子关系，但二者均为独立民事主体，在事先未征得龚某同意，事后亦未取得龚某追认的情

[①] 详可参见（2017）浙民终 232 号民事判决书。

况下，《还款协议书》对第三人龚某是没有法律约束力的。

（二）在先受让人龚某根是否应支付龚某平股权转让款，并赔偿相应的逾期付款利息损失？

鉴于 A 公司的股权登记于龚某平、赵某燕名下，尚未变更登记于龚某根或其指定的人名下，且龚某根对于 A 公司的股权已经转让给龚某的情况也知悉，所以龚某根的受让行为不构成善意取得，龚某根不能取得股权，其只能请求股权转让人承担违约责任。

考虑到龚某根不能依据《还款协议书》取得股权，龚某平请求龚某根支付股权转让款并办理股权过户手续缺乏事实和法律依据。

三、专家建议

在"一股二卖"协议中，多份股权转让协议均具有法律效力，多份股权转让协议中的股权受让人都有权请求股权出让人履行协议，将股权转让给自己，因此，判断"一股两卖"或是"一股多卖"中股权的归属有着重大的意义。

持股股东向两个人或是两个人以上，签订《股权转让协议》并经其他股东同意时，该协议不违反签约人的意志，内容不违反法律行政法规的强制性规定，其并不仅因"一股二卖"行为而确认无效，此处的两个或是多个股权转让协议都是有效的。但是股权的归属却遵从商事外观主义，即属于办理了变更登记的股权受让者，此受让者可以对抗其他未办理变更登记的受让者。

因此，在股权转让过程中，股权变更登记至关重要。在转让股权时，应当及时督促原股东办理股东名册、公司章程变更，并向公司登记机关办理股权变更登记；同时，为避免因"一股二卖"而遭受损失，可在签订的股权转让协议中明确约定违约金，当股权出让人已经将股权变更在他人名下时，股权受让人可以请求股权出让人承担违约责任。

四、关联法条

《中华人民共和国民法典》第三百一十一条、第五百八十四条;《最高人民法院关于适用〈中华人民共和国公司法〉若干问题的规定（三）》第二十七条第一款。

股东如何对外转让股权

一般情况下，有限责任公司的设立大多是以股东之间的信任关系为基础，如果信任基础消失了，那么合作的基础自然也就不存在了。若股东之间矛盾长期积累，或将导致公司陷入僵局，各个股东的投资目的也就无法实现，不仅会导致资金的损失，甚至最终以诉讼的方式使得原本共同打拼创业的合作伙伴对簿公堂。所以，法律中设置了相应的机制，允许符合一定条件的股东以合法的方式退出公司，而有限责任公司中，股东以股权转让的方式退出公司是最常见的股权退出途径之一。

一、案例简介

（一）基本案情

2018 年，A 公司将其持有的 B 公司 69% 的股权挂牌。B 公司各股东持股情况：A 公司持有 69% 股权；C 公司持有 19% 股权；D 公司持有 12% 股权。2018 年 12 月 18 日，A 公司作为转让方、E 公司作为受让方签订了《产权交易合同》，合同约定：A 公司将其持有的 B 公司 69% 股权转让给 E 公司；A 公司与 E 公司协商和共同配合，于取得产权交易凭证后办理产权的变更登记手续。随后 E 公司支付全部股权交易款。另外，在挂牌前，A 公司向 C 公司送达《转让通知》，《转让通知》载明：A 公司系 B 公司股东，持有 B 公司 69% 股权，现 A 公司拟转让持有的 B 公司全部股权。C 公司是否同意 A 公司上述转让股权行为，应于收到通知 30 日内回复，满 30 日未答复的，视为同意转让。若 C 公司不同意，应购买该转让股权，不购买的，视为同意转让。C 公司享有优先购买权，可优先购买上述拟转让股权。2018 年 11 月 1 日，D 公司向 A 公司出具复函，表明其同意 A 公司转让持有的 B 公司的股权，其放弃股权优先购买权。2018 年 11 月 7 日，A 公司、C 公司、D 公司召开 B 公司 2018 年第一次临时股东会会议，并形成股东会决议：关于 A 公司对外转让所持有的股权，D 公司同意股权转让并承诺放弃优先购买权，C 公司不同意股权转让并保留依照相关法律规定行使优先购买权的权利，A 公司、D 公司同意该议案，占股权比例 81%，达到表决权的 2/3。2018 年 12 月 5 日，A 公司向 C 公司送达《行权通知》，《行权通知》载明：A 公司系 B 公司股东，持有 B 公司 69% 股权。现 A 公司上述股权已于 2018 年 11 月 16 日挂牌转让，C 公司可行使优先购买权。2019 年 2 月 21 日，A 公司、C 公司、D 公司及 E 公司召开 B 公司 2019 年第一次临时股东会会议，会议通过了 "A 公司退出公司股东会，由 E 公司、C 公司、D 公司组成新的公司股东会，各股东方需配合公司进行相关变更股东工商登记" 的决议。C 公司以涉案《产权交易合同》系 A 公司与 E 公司恶意串通，因损害 C 公司的优先购买权而无效，诉至山东省高级人民法院。

（二）法院裁决

1. 一审判决

A 公司与 E 公司之间签订的《产权交易合同》系各方当事人的真实意思表示，内容未违反法律、行政法规的效力性强制性规定，应为合法有效。C 公司因不服一审判决提起上诉。

2. 二审判决

A 公司对 C 公司股东优先购买权的行使已经尽到了通知义务，

亦保证了 C 公司的股东优先购买权法定行使期间，C 公司以此主张《产权交易合同》损害其股东优先购买权明显不能成立，也不存在 A 公司与 E 公司恶意串通的情形。综上，不存在合同无效的情形，应当认定《产权交易合同》合法有效，C 公司上诉理由均不能成立，故二审判决驳回上诉，维持原判。[①]

二、以案说法

本案的争议焦点主要有两个：一是股权冻结是否影响合同效力？二是 A 公司与 E 公司之间签订的《产权交易合同》是否存在损害 C 公司的优先购买权的情形而导致无效？

（一）关于股权冻结问题

人民法院对相关股权予以冻结，属于一定期间内限制该股权变动的保全措施，其法律后果是被冻结的股权在办理股权变更登记时受到限制。在本案中，在产权交易合同签订之前股权被冻结，后又解除冻结，直至本案依法查封，即上述行为仅影响双方当事人合同的履行，但并不应据此否定合同的效力。

（二）关于优先购买权的问题

按照法律规定，股东将股权向股东以外的人进行转让的，对外转让的法定程序包括：（1）征求公司其他股东同意的程序；（2）保障公司其他股东优先购买权的程序。公司章程如有特殊规定的，优先于法律规定执行。在本案中，A 公司于挂牌前至最后一次庭审结束时，多次书面通知 C 公司股权挂牌情况及相关网站，明示 C 公司享有优先购买权，但 C 公司未表示购买上述股权，应视为同意 A 公司转让持有的 B 公司股权。并且，A 公司在第二次

---

① 详可参见（2020）最高法民终 1253 号民事判决书。

书面通知中已载明涉案股权的挂牌信息及产权交易中心官方网站信息等，并告知 C 公司可登录网站查询，而涉案股权转让价格、挂牌期间、转让方式等均已在产权交易中心官方网站公布，应视为已将股权转让的"同等条件"书面通知 C 公司。并且，是否侵犯其他股东优先购买权，也并不必然影响有限责任公司股东与股东以外的股权受让人订立的股权转让合同的效力，侵害股东优先购买权的法律救济并非以确认股权转让合同无效为前提。

三、专家建议

在 2023 年新修订的《中华人民共和国公司法》（以下简称新《公司法》）中，关于股权对外转让最大的变化就是删除了有限责任公司股东对外转让股权时其他股东的同意权的规则。该条款的修订使得股东对外转让股权时更加自由便利，很大程度上方便了投资人"进退自如"，鼓励了投资人对外投资的热情。与此同时，该变化亦弱化了股东之间"人合性"的特点，使得投资人进入和退出公司更随意，公司内部结构变得更不稳定，容易因投资人的随意进退而增加决策不统一、公司因此出现僵局的风险。鉴于此，创始人可利用新《公司法》"公司章程对股权转让另有规定的，从其规定"的规定，在创设公司期间通过章程对于股东对外转让股权作出相应的限制，充分保护股东对股权转让的自由约定。

四、关联法条

《中华人民共和国公司法》第八十四条；《最高人民法院关于适用〈中华人民共和国公司法〉若干问题的规定（四）》第十六条、第二十二条。

股权转让方隐瞒债务，受让方怎么做

股权转让作为一种常见的商业活动，在企业资本运作中发挥着越来越重要的作用。然而，在股权转让过程中也隐藏着诸多风险，其中最为突出的问题之一是股权转让方隐瞒债务，这些债务可能包括未偿还的贷款、担保责任等，对于受让方来说往往构成巨大的风险隐患。

一、案例简介

（一）基本案情

A公司与B公司于2010年9月合资成立某标的公司，注册资金为5000万元，A公司持有标的公司95%的股权，B公司持有5%的股权，标的公司有全资子公司四家。后A公司、B公司、C公司共同签署《股权转让协议》，约定A公司将其所拥有的标的公司65%股权转让给C公司，B公司将其所拥有的标的公司5%股权转让给C公司，股权转让完成后标的公司的股权结构为，C公司持股70%，A公司持股30%。

同时，《股权转让协议》约定A、B公司应通过书面形式将标的公司的债权债务情况如实告知C公司，且除协议约定应由标的公司承担的债务外，转让前标的公司及其四家子公司的全部债务，由A、B公司负担。C公司有权在应付股权转让款中作相应的抵扣。

2016 年 1 月，C 公司向 A、B 公司支付了首期股权转让款
3500 万元。同年 2 月，标的公司完成工商变更登记，股东变更为
A 公司、C 公司，A 公司持股 30%，C 公司持股 70%。

C 公司在接收标的公司后，发现标的公司存在大量未披露的
债务，包括案外人对标的公司的债权，A、B 公司实际控制期间，
拖欠的税款及罚款等共计约 2 亿元，已经超过股权转让款的尾款。
因此，C 公司未继续支付转让款，A 公司为此诉至法院要求 C 公司
继续按照《股权转让协议》约定支付转让款。

（二）法院判决

1. 一审判决

一审法院认为，股权转让协议虽就 C 公司支付股权转让款的
时间作了明确约定，但支付前提应当是 A、B 公司保证 C 公司所接
收的目标公司及子公司，不存在除合同已披露情况外的其他瑕疵，
其中理应包括公司应纳税款已全部实际缴纳的承诺。

但经查明情况，A、B 公司在转让涉案股权时，未向 C 公司
披露标的公司的真实债务情况，且欠缴税额及应缴罚款金额巨大，
A、B 公司对此存在重大过错。根据《股权转让协议》约定，A、B
公司须对隐瞒债务承担清偿责任，C 公司有权从股权转让款中扣除
债务金额。因此，C 公司以 A 公司隐瞒巨额税款为由，主张其不
予支付剩余股权转让款系行使先履行抗辩权，具有事实和法律依
据，一审法院予以支持。

2. 终审判决

二审法院认为，一审判决认定 C 公司有权以 A 公司隐瞒巨额
税款为由不予支付剩余股权转让款，并无不当。予以维持。

二审法院判决生效后，A 公司向最高院申请再审，请求撤销
一审、二审判决。再审法院认为，一审二审判决，具有事实和法

律依据，并无不当，应予以维持。遂裁定驳回了 A 公司的再审申请。[①]

二、以案说法

本案系股权转让纠纷，案件争议焦点应为：股权受让方 C 公司，在转让方 A、B 公司隐瞒债务的情况下，是否可以拒付剩余股权转让款？

对此，需要考虑几点：一是 C 公司是否有权以 A、B 公司未披露标的公司及其四家子公司税务问题为由拒付剩余股权转让款；二是 A 公司是否已经向 C 公司披露税务问题且 C 公司知晓，也就是对于目标公司债务问题是否已经向 C 公司进行披露；三是税务问题是否实际存在，也就是债务是否真实存在。

首先，股权转让协议明确规定，C 公司有权在特定情形下行使拒绝付款的抗辩权，该特定情形就包括 A 公司不得隐瞒标的公司及其四家子公司的对外债务情况。因此，如 A 公司确未向 C 公司披露标的公司及四家子公司的欠缴税款，C 公司有权据此拒绝支付股权转让款。

其次，根据法院查明的案件事实，A 公司未向 C 公司披露税务问题，存在隐瞒行为。此外，税务机关就标的公司及其子公司拖欠税款的行为已经作出催缴和处罚决定，债务真实存在。因此，本案认定 C 公司有权以 A 公司隐瞒巨额税款为由不予支付剩余股权转让款，并无不当。

[①] 详可参见（2018）粤民终 2425 号民事判决书。

三、专家建议

股权转让方隐瞒债务是股权转让过程中一个不容忽视的风险点。受让方应充分认识到这一问题的严重性，并采取有效的策略和措施来应对。

（1）通过全面的尽职调查、风险评估、合同约束以及寻求专业意见等方式，受让方可以更好地保护自身利益，降低潜在风险，实现企业的稳健发展。

（2）在股权转让协议中，应对目标公司的债务偿还作出具体约定，并对隐瞒债务的行为设定违约责任。

（3）转让方刻意隐瞒公司债务，导致受让方受让的股权价值发生贬损的，受让方可以尝试通过行使合同撤销权、行使先履行抗辩权、主张物的瑕疵担保责任等手段，维护自身的合法权益。

四、关联法条

《中华人民共和国民法典》第四百六十五条、第五百条、第五百零九条、第五百七十七条。

股权转让后，谁负责办理变更登记手续

一般而言，在各方签订完《股权转让协议》后，各方相互配合到公司登记机关处办理股权变更登记手续就可以了，但实践中却经常出现合同签完之后，各方均推诿责任，都不去办理工商登记的情况。这种情况下，法律对于谁负有办理股权变更登记手续的责任有着明确的规定。

一、案例简介

（一）基本案情

饶某与其他3人共同出资成立A公司，饶某系A公司的股东，其中饶某对A公司持股15%。2014年4月7日，饶某等4人与奚某签订《股权转让协议》，在协议中明确约定，饶某将A公司15%的股权以45万元的价格转让给奚某。后来，奚某迟迟未向饶某给付部分转让款，饶某因此将其诉至法院，在法院的主持下双方达成和解，法院出具了民事调解书。在双方签订的调解协议中明确约定，奚某应于调解书生效之日起30天内配合饶某办理股权变更手续。后奚某又以A公司不办理股权变更登记为由，拒不办理股权变更登记手续。遂饶某诉至法院，要求A公司及奚某配合办理股权变更登记手续。

（二）法院裁决

饶某将其持有A公司15%股权转让给奚某，A公司对于上述事实予以承认，并且也已被生效的法律文书确认有效。根据《中华人民共和国公司法》（以下简称《公司法》）的规定，股权依法转让后，应由公司将股权受让人及受让股权记载于股东名册，并由公司将股权转让向公司登记机关办理股权变更登记。现公司无正当理由拒不履行办理股权变更登记手续的行为侵犯了饶某、奚某的合法权益。故饶某主张由 A 公司办理股权转让的工商变更登记手续并由奚某履行协助义务的诉讼请求，法院予以支持。[①]

二、以案说法

本案的争议焦点在于：公司原股东将对公司持有的股权向第三人转让后，由哪方主体真正负有履行办理股权变更登记的义务？

在本案中，饶某已将其持有的 A 公司 15% 股权转让给奚某，双方签订了《股权转让协议》，并且不存在合同无效的情形，而公司及奚某无正当理由始终不配合办理股权变更登记手续。根据《公司法》第三十四条规定，股权依法转让后，应由公司承担将股权受让人及对应股权记载于股东名册的义务，向公司登记机关办理股权变更登记。并且，根据法律规定公司登记事项未经登记或未经变更登记，不得对抗善意相对人。

另外，根据《最高人民法院关于适用〈中华人民共和国公司法〉若干问题的规定（三）》第二十三条规定，在受让方依法继受取得股权后，公司未根据《公司法》第三十一条、第三十二条的规定签发出资证明书、记载于股东名册并办理公司登记机关登记，转让方或受让方请求公司履行上述义务的，人民法院应予以支持。

---

① 详可参见（2017）津 0116 民初 174 号民事判决书。

根据上述法律规定，公司不配合办理变更登记的，作为股权继受人（含受让方）可以通过诉讼要求公司配合办理变更登记。在司法实践中，作为股权转让的一方也可以作为原告起诉公司要求履行变更工商登记的义务。

三、专家建议

在股东进行股权转让时，首先应当书面通知公司。一方面告知股权转让的情况；另一方面也是提示公司负有协助履行股权变更相关手续的义务。股权转让完成后，公司需要及时变更股东名册，股东名册是股东享有股东身份、在公司履行出资义务、可以享受股东权利的证明，因此股东转让股权后应当及时变更股东名册。同时，应当由公司向当地公司登记机关办理变更登记。根据《中华人民共和国市场主体登记管理条例》的规定，有限责任公司的股东属于有限责任公司的登记事项，登记事项发生变化时，应当向登记机关申请办理变更登记。

如果公司无正当理由不予配合办理股权变更登记的，股权转让方和股权受让方均可以作为原告，依据合法有效的股权转让协议，起诉公司要求履行办理股权变更登记的义务。同时，转让方或受让方应给予相应的协助义务。

四、关联法条

《中华人民共和国公司法》第三十四条；《最高人民法院关于适用〈中华人民共和国公司法〉若干问题的规定（三）》第二十三条。

隐名股东签署的股权转让协议是否有效力

隐名股东是指为了规避法律风险或出于其他原因，借用他人名义设立公司或以他人名义出资，且在公司章程、股东名册和工商登记中均记载为他人的实际出资人。在登记与实际权属状态不一致的情形下，隐名股东与股权受让人签署的股权转让协议是否有效呢？

一、案例简介

（一）基本案情

石某图煤炭公司成立于2003年3月19日。自2008年4月28日起，焦某成为该公司股东并担任法定代表人，持有48%的股份，为当时最大股东。2009年8月12日起，恒某煤炭加工有限公司成为股东，持股17%，后增至52%。焦某及毛某随均非石某图煤炭公司的工商登记材料中所列明的股东。

2009年1月12日，毛某随与石某图煤炭公司经协商后签订《股权认购协议书》，该协议确定毛某随占该公司总股份35200万元12%的股权，同时还约定由焦某、毛某随及原其他股东组成股东会，公司股权以本协议为准，与工商注册无关。该《股权认购协议书》签订后，双方未办理工商注册变更登记。

2013年12月28日，毛某随与焦某成签订了《股权转让合同》，约定将毛某随拥有的石某图煤炭公司12%的股权作价1亿元人民币转让给焦某成，焦某为担保方。2014 年 12 月 6 日，因焦某成未能按照合同约定时间履行其合同义务，毛某随与焦某成、焦某、石某图煤炭公司签订了《补充协议书》，约定：毛某随与焦某成、焦某、石某图煤炭公司共同认同 2013 年 12 月 28 日签订的《股权转让合同》全部条款内容合法有效，焦某与石某图煤炭公司为焦某成的全部债务提供担保。

由于上述《补充协议书》签署后，焦某成仍然未支付股权转让价款，因此，毛某随向人民法院提起诉讼，请求焦某成支付股权转让价款。

（二）法院裁决

1. 一审判决

毛某随在石某图煤炭公司内部享有的隐名投资人地位以及 12% 的股权依法应当得到确认和保护，因此，毛某随在满足一定条件下，可以依法转让该股权。毛某随拟转让之股权，系来源于石某图煤炭公司《股权认购协议书》之确认，作为时任法定代表人的焦某成应当知晓该事实。在明知毛某随为隐名股东的情形下，焦某成与毛某随之间转让该 12% 股权的行为依法成立。

2. 二审判决

上诉人焦某成、焦某的上诉请求缺乏事实和法律依据，不予支持。一审判决认定事实清楚，适用法律正确。判决驳回上诉，维持原判。[①]

二、以案说法

本案争议焦点主要有两个：（1）毛某随是否具备股东资格的问

---

① 详可参见（2016）最高法民终 18 号民事判决书。

题;(2)毛某随与焦某成签订的《股权转让合同》效力如何?

(一)关于毛某随股东资格认定问题

《最高人民法院关于适用〈中华人民共和国公司法〉若干问题的规定(三)》第二十二条规定,已经依法向公司出资或者认缴出资的人,在不违反法律法规强制性规定的情况下,当其股权归属发生争议时,有权请求人民法院确认其享有的股权。隐名股东(实际投资人)作为公司的实质股东,在当事人及公司其他股东一致确认或者已经依法确认时,享有股东权利,是真正有权处分股权的人,有权转让股权。

在公司内部涉及股东之间的纠纷中,法律并未明确规定未经登记的股东不具备股东资格,而是应当结合其他证据综合认定。石某图煤炭公司以签订《股权认购协议书》的形式,确认了焦某及毛某随股东之身份,并认可该二人享有公司股东的权利及义务,据此,可以确认毛某随系石某图煤炭公司隐名股东这一身份,其股东资格不因未工商登记而被否定。

(二)关于《股权转让合同》效力问题

毛某随虽然是石某图煤炭公司的隐名股东,但公司其他股东通过签署《补充协议书》,一致确认了《股权转让合同》的有效性,表明其他股东一致认可毛某随系石某图煤炭公司的股东,有权处分其所持有的股份。在受让人明知转让人为隐名股东的情形下,转让股权的行为依法成立。同时,未见公司的其他时任登记股东提出任何异议,《股权转让合同》合法有效。

三、专家建议

(1)隐名股东虽非经工商登记,但其在公司内部享有的隐名投资人地位及股权依法应当得到保护,虽享有股权转让的权利,但需要满足一定条件。

（2）转让人首先应当保证其身份确为隐名股东，并告知受让人自己并非登记股东而为实际股东的真实情况。同时还应对其他股东依法履行告知义务，保障异议股东的回购权。

（3）受让人在受让股权时，首先应当了解是否为隐名股东，是否有股权代持协议、出资协议等足够的证据证明转让人为实际出资人。否则可能发生转让无效的风险。

四、关联法条

《中华人民共和国民法典》第一百四十三条;《中华人民共和国公司法》第八十四条。

第十三章 股东知情权纠纷

股东查账别忘了履行前置程序

股东在行使知情权的过程中，可能会和公司产生各式各样的矛盾，股东也会选择通过诉讼途径解决。但是，不是所有的事情都能直接起诉的，股东要查公司的账，一定不要忘了履行前置程序。

一、案例简介

（一）基本案情

某投资中心系北京某科技公司的股东。该投资中心为了解公司的经营及财务运转情况，向科技公司递交了要求查账的书面申请，科技公司收到后，未予答复，也未提供任何文件供查阅。故投资中心向法院提起诉讼。庭审中，科技公司认为投资中心的公函中要求科技公司提供的是 2018 年 1 月 1 日至 2020 年 6 月 30 日期间的会计账簿，而本次诉讼要求提供的时间范围扩大到 2016 年 3 月 30 日至 2022 年 6 月 16 日止，其查阅申请 2018 年 1 月 1 日之前的会计账簿未履行前置程序，故认为投资中心的请求缺乏法律依据，不应得到支持。①

---

① 详可参见（2021）京 0105 民初 80407 号民事判决书。

（二）法院裁决

一审法院认为，股东知情权是股东固有的、法定的基础性权利，股东可以要求查阅公司会计账簿。股东要求查账应当向公司提出书面请求、说明目的。公司拒绝提供查阅的，股东可以请求人民法院要求公司提供查阅。投资中心向科技公司寄送《公函》，提出查阅账簿的书面申请并说明查阅目的，科技公司收到该《公函》，因此科技公司已经知晓了投资中心要查阅账目的请求及其查阅的目的，投资中心履行了行使股东知情权的前置程序。关于科技公司主张的投资中心诉讼申请查阅的时间范围大于其向科技公司提出书面申请的范围的问题，设置股东知情权前置程序的目的是要求股东明确查账目的，以便公司知晓股东是否有不正当目的，明确了公司拒绝股东行使知情权的边界。即便投资中心扩大了其查阅的时间范围，本案在前期送达阶段通过向科技公司送达起诉材料，科技公司也能知晓其查阅的目的以及查阅的内容和范围。故科技公司称投资中心未履行股东知情权前置程序的主张，于法无据，不予支持。判决科技公司提供会计账簿等材料供投资公司查阅。

二、以案说法

本案争议的焦点是股东行使知情权履行前置程序的相关问题。

（一）为什么需要履行前置程序

股东知情权是股东的固有权利，当股东在公司行使知情权受阻时，有权获得司法救济。但是，出于对公司自治权的尊重以及节约诉讼资源的考量，《中华人民共和国公司法》（以下简称《公司法》）为股东提起知情权诉讼设置了程序条件，即股东在提起知情权诉讼之前需要履行完法律规定的前置程序。前置条件设定的目的在于尽可能地尊重公司内部治理，通过前置程序使公司了解股东诉求并自行与其解决纠纷，既保障股东在其查阅权受侵犯时有相应的救济途径，也防止股东滥用诉权，维护公司正常的经营。故股东在提起诉讼前必须履行前置程序。

（二）股东履行前置程序的要求

股东行使知情权是有递进式步骤的，首先，身份资质上必须是适格主体，是股东；其次，股东要向公司发出书面请求并说明目的；最后，公司收到申请后15日内未书面答复或者拒绝股东查阅的，股东才可以向人民法院提起诉讼。如果未经过向公司书面申请和被无视、被拒绝这样的前置程序，法院会按照不符合程序要求驳回起诉。

（三）如何判定股东履行了前置程序

在司法实务中，涉及履行前置程序争议的情形主要有几类：一是公司不承认收到过股东查账的书面申请，此时，需要股东提供EMS送达回执、微信聊天记录、短信等证据证明自己发出过并且公司收到过。二是股东发出查账的书面申请后不到15日期限，不等公司的回复就直接提起诉讼，此时要根据实际情况判断，如在诉讼期间公司同意股东查阅，那么应认定为股东履行前置程序有瑕疵；如在诉讼期间公司拒绝股东查阅的要求，则属于前置程序的目的实现了，认定股东履行前置程序有效。三是股东向公司申请查账的范围与诉讼时申请的范围不一致，例如本案，投资公司在诉讼中要求查阅的范围相比于之前向公司发出的《公函》中查阅范围扩大了，而法院在判决中明确了设置股东知情权前置程序的目的，那就是通过股东书面申请明确查账目的，以便公司做出决策，即便扩大了查阅的范围，案件诉讼前期科技公司也能通过案件诉讼材料知晓其查阅的目的以及查阅的内容和范围，所以认定股东已经履行了前置程序。

不难看出,当诉讼程序开启时,如何认定股东是否履行了前置程序,除必要的要求即股东必须书面申请并说明查账理由外,对于时间上的瑕疵、查阅范围的变化等问题,法院从实现查账实质目的的角度出发进行判定,既不给股东增加负担,也避免对先期诉讼资源的浪费。

三、专家建议

法律赋予了股东行使知情权的权利,但是是权利就不能滥用,需要程序或者实体方面的限制。股东想查账,一定不要忘了履行《公司法》对前置程序的要求,提前向公司书面申请查账的时间、范围和理由,一旦公司未按时回复或者明确拒绝,股东就可以向法院提起诉讼。

四、关联法条

《中华人民共和国公司法》第五十七条、第一百一十条;《最高人民法院关于适用〈中华人民共和国公司法〉若干问题的规定(四)》第七条、第十条。

股东可以委托第三方查账吗

在投资方式多样的形势下，越来越多的人选择投资公司成为股东。但是，大多数股东可能并不具备公司经营管理的经验以及财务、法律相关的专业知识，无法对公司真实的经营状况形成完整的了解和精准判断。所以，委托专业的人做专业的事确实很有必要。

一、案例简介

（一）基本案情

黄某、梁某为某农产品供销有限公司股东。为了解公司的真实经营状况，两位股东于2021年4月27日向公司及其法定代表人发出《股东查账申请书》，要求查阅公司章程及相关财务资料。该公司签收后，于5月8日向两位股东发出《复函》，表示同意，并邀请其于6月30日上午9时在公司会议室查阅。两位股东在收到该《复函》后，于5月22日又发出一份《股东查账申请书》，明确查阅范围及其他事项，如：两位股东聘请专业律师、会计师协助查阅、复制，查账的具体期限为2021年6月30日至7月9日，并委托梁某某、杨某某代为行使股东知情权。受托人梁某某、杨某某于6月30日上午9时准时抵达公司会议室，但公司以"该两名受托人前来查账既没有股东陪同，也没有出示会计师或者律师费的中介机构身份，公司拒绝身份不明的人员查账"的理由，当场拒绝受托人查阅、复制的申请。[①]

（二）法院裁决

1. 一审判决

一审法院认为，股东知情权是股东固有的、法定的基础性权利。根据《中华人民共和国公司法》（以下简称《公司法》）及最高法相关司法解释的规定，股东查阅、复制公司相关资料，允许股东在场的情况下，由会计师、律师等依法或者依据执业行为规范负有保密义务的中介机构执业人员辅助进行。故判决在黄某、梁某在场的情况下，可以由黄某、梁某委托的会计师、律师辅助进行。

2. 二审判决

二审法院经审理认为，一审法院判决允许黄某、梁某在指定时间和指定地点委托中介辅助查阅、复制公司相关资料，不违反《公司法》相关规定，维持原判。

二、以案说法

本案涉及股东委托第三方行使股东知情权的问题。《最高人民法院关于适用〈中华人民共和国公司法〉若干问题的规定（四）》和2023年修订的《公司法》均赋予股东委托专业中介机构辅助查账的权利。

（一）股东委托第三方辅助查账的现实需求

股东想了解公司的实际经营情况，最直观的就是查阅公司的会计账簿、会计凭证等财务信息，通过对信息内容的真实性及完整性的判断，才能准确了解公司真实完整的经营状况。然而，这

[①] 详可参见（2022）粤06民终1757号民事判决书。

些财务信息所涉专业性较强，只有具备法律、会计专业知识的人才能恰当地运用这些信息得出判断。现实生活中，往往大部分股东不参与经营管理，不一定掌握这么专业的技能去分析财务信息，合法权益就有可能无法得到充分保障。出于保障股东知情权有效行使的考量，允许具有法律、会计等相关专业的人员为股东提供帮助非常有必要。

（二）2023年修订的《公司法》关于股东委托专业中介机构辅助查账的规定

为确保股东行使知情权的充分性，在《公司法》修订前，对于查阅会计账簿等财务信息能否委托第三方的问题，《最高人民法院关于适用〈中华人民共和国公司法〉若干问题的规定（四）》中做出明确规定，设置了一定条件，即：一是股东必须获得请求查阅公司文件资料的胜诉判决；二是查阅公司相关文件资料必须股东在场；三是股东委托的对象范围只能是会计师、律师等依法或者依据执业行为规范负有保密义务的中介机构执业人员。此规定的初衷是平衡股东和公司之间的利益，既保障股东知情权的行使，又确保公司的内部信息、商业秘密等不会被公司外部人员泄露而带来损失。但实际上，这些条件也一定程度上增加了股东的负担，比如对胜诉的要求增加了股东和公司诉讼的成本；对查阅时股东在场的要求限制了股东灵活安排处理自身其他事务的时间，耗费大量的精力。

鉴于此，2023年修订的《公司法》吸收并且优化了《最高人民法院关于适用〈中华人民共和国公司法〉若干问题的规定（四）》的裁判规则，规定股东查账可以委托会计师事务所、律师事务所等中介机构进行，并明确中介机构要遵守保密义务以及违反保密义务的赔偿责任。这一方面保障了股东知情权的行使，即股东可以不经诉讼程序即可委托中介机构查阅，同时不再要求股东本人在场。另一方面也保护了公司商业秘密等合法权益，明确受委托人为中介机构而非自然人个体，并规定了保密义务和法律责任。同时，2023 年修订的《公司法》在股东可查阅公司文件资料的范围中，在会计账簿基础上，明确增加了会计凭证。

三、专家建议

作为公司股东，尤其是不参与公司运营管理的投资者，虽然可能不完全具备法律、会计等专业知识，但是这并不妨碍基于股东身份行使知情权。想了解公司的经营状况，想查阅会计账簿、会计凭证等材料，在履行好前置程序即向公司提出书面请求并经公司同意后，可以委托法律、会计等中介机构辅助查阅，既节约股东时间成本又能获得专业的分析报告，清晰直观地了解公司的实际经营状况，何乐而不为呢。

四、关联法条

《中华人民共和国公司法》第五十七条;《最高人民法院关于适用〈中华人民共和国公司法〉若干问题的规定（四）》第十条、第十一条。

如何认定股东的"不正当目的"

为维护股东的合法权益，法律赋予了股东知情权。但是权利不可滥用，股东知情权的行使也是有一定限制的，应具有正当目的和理由，应当与其身份及利益相关。

一、案例简介

（一）基本案情

李某、韩某、郑某为四川省某驾校的股东。三位股东认为，自2012年10月以来该驾校存在严重的制度及管理混乱，经营及财务状况不公开，财务数据失真，造成不明亏损，故向该驾校提出行使股东知情权，要求查阅复制财务账册及会计凭证，但被该驾校实际控制人以查阅非正当目的拒绝。该驾校认为，目前经营良好，同时会计每月将财务报表等发放给各股东，三位股东知晓该驾校的财务收支情况，其提出查阅和复制相关财务资料的要求具有不正当目的；另，韩某于2016年5月成立了成都市某驾驶员培训有限公司，担任法定代表人并持有51%的股份，两驾校存在业务竞争关系，其提出的查阅并复制相关材料的要求极有可能损害公司的利益，具有不正当目的。[1]

---

[1] 详可参见（2019）川01民终7979号民事判决书。

（二）法院裁决

1. 一审判决

一审法院认为，李某、韩某、郑某作为四川某驾校的股东，根据《中华人民共和国公司法》（以下简称《公司法》）的规定，有权查阅和复制财务会计报告，但对于复制会计账簿的请求于法无据。关于查阅会计账簿，根据《最高法关于适用〈公司法〉若干问题的规定》，认定韩某成立的公司与四川省某驾校的经营范围相同，具有竞争关系，故韩某要求查阅会计账簿的诉求不予支持。判决四川某驾校提供财务会计报告供李某、韩某、郑某查阅和复制，会计账簿供李某、郑某查阅。

2. 二审判决

二审法院认为，本案中四川某驾校的经营状况是否良好以及该驾校是否向股东发放了财务报表，并不影响股东主张行使股东知情权。判决维持了一审法院对韩某不正当目的的认定，认为韩某新成立的公司与该驾校经营范围相同，具有竞争关系，对韩某要求查阅会计账簿的诉求不予支持。对于该驾校主张李某、郑某要求查阅会计账簿具有不正当目的，但未举证证明李某、郑某查阅会计账簿可能损害驾校的合法权益，法院判决不予支持驾校诉求。

二、以案说法

本案争议的焦点主要是：李某、韩某、郑某要求查阅四川某驾校会计账簿、会计凭证是否具有不正当目的。

（一）规定"不正当目的"的原因

股东知情权系股东基于股东身份所享有的权利，是法定权利，原则上不应限制其行使，但是权利就要有一定的边界。公司的会计账簿、会计凭证是记录公司各项经济业务往来、反映经营过程财务状况以及合法合规方面信息的重要书面证明，可以直观地反映该公司的经济状况，甚至核心的商业机密也会全面呈现，对于开展同类业务具有极大的参考价值。股东知情权在保障股东权利尤其是赋予其查阅会计账簿、会计凭证权利的同时，也可能会侵害到公司甚至其他利益相关者的合法权益。因此，《公司法》规定了股东查阅公司会计账簿、会计凭证的程序和要求，其核心要义在于确保股东查账目的具有正当性，限制股东滥用知情权进而损害公司的合法利益。

（二）股东行使知情权"不正当目的"的认定

"不正当目的"是一个抽象性概念，是指股东在行使知情权时可能损害公司合法权益的主观恶意。由于损害的结果还未发生，因此只能通过股东的客观行为是否达到较大可能性进行推断。

《公司法》规定，股东要求查阅公司会计账簿、会计凭证的，应当向公司提出书面请求，说明目的。公司有合理根据认为股东查阅会计账簿、会计凭证有不正当目的的，可能损害公司合法利益的，可以书面答复股东并说明拒绝提供查阅的理由。但对于"不正当目的"的判定标准并没有详细规定，司法实践中可能影响法院裁判的尺度。

有鉴于此，《最高法关于适用〈公司法〉若干问题的规定》通过列举的方式，规定了"不正当目的"的三种具体情形：一是股东自营或者为他人经营与公司主营业务有实质性竞争关系业务的；二是股东为了向他人通报有关信息查阅公司会计账簿，可能损害公司合法权益的；三是股东在向公司提出查阅请求之日前的3年内，曾通过查阅公司会计账簿，向他人通报有关信息损害公司合法权益的。除此之外还有一个兜底性条款，即股东有不正当目的的其他情形。该规定具有重要意义，便于司法实务者准确理解并适用规则，且被司法经验证明有效。

本案中，四川某驾校作为被告，提出韩某成立了成都市某驾校员培训有限公司，持有51%的股份并担任法定代表人，两驾校存在业务竞争关系。韩某提出查阅并复制相关材料的要求极有可能损害驾校的合法利益，具有不正当目的，一审和二审法院均对该驾校的主张予以支持。但是，该驾校以经营良好，每月向股东发布财务报表等信息，股东已知晓驾校的财务收支情况等理由主张李某、郑某要求查阅驾校会计账簿具有不正当目的，不属于以上规定的情形，一审和二审法院均不予支持。

三、专家建议

股东要求查阅会计账簿、会计凭证是有程序要求的，一是要经过前置程序即提出书面请求；二是说明理由证明目的的正当性，否则公司是有权拒绝股东查阅的。

作为公司，如主张股东查阅会计账簿、会计凭证的请求可能损害公司合法权益，具有不正当目的，可以拒绝提供查阅，但应说明理由，诉讼中应当承担举证责任。

四、关联法条

《中华人民共和国公司法》第五十七条；《最高人民法院关于适用〈中华人民共和国公司法〉若干问题的规定（四）》第八条；《中华人民共和国会计法》第九条、第十四条、第十五条。

未履行出资义务能否行使股东知情权

股东知情权是股东固有的、法定的权利，只有在股东能行使知情权，对公司经营状况充分了解的情况下，才能保障股东行使投票权、分红权等其他权利，所以股东知情权是公司股东的基础性权利。但是，行使股东知情权最重要的前提，必须是股东的身份。

一、案例简介

（一）基本案情

赵某、王某、孙某原为北京某开发公司的员工，因公司宣告破产，3 人以入股北京某贸易公司作为股东的方式进行破产前安置。但是该贸易公司从未向股东公开过公司的经营状况和财务状况，也从未向股东分配过利润，故 3 人起诉该公司要求行使知情权。而公司认为，赵某有股东资格，可以查账，但是因公司股东会决议通过修改公司章程，明确王某认缴出资额 10 万元，孙某认缴出资额 6 万元，但王某与孙某在公司章程上签字确认后并未实缴出资。王某与孙某不具备股东资格，没有股东权利，更不能行使股东知情权，要求查账于法无据。①

---

① 详可参见（2020）京 02 民终 9107 号民事判决书。

（二）法院裁决

1. 一审判决

一审法院认为，股东资格是投资人取得和行使股东权利并承担股东义务的前提和基础。关于赵某、王某、孙某能否行使股东知情权的问题，本案中，作为公司成立的基础性法律文件的公司章程以及对外具有公示公信效力的工商登记信息均记载赵某、王某、孙某为该贸易公司的股东，足以证明其3人享有公司的股东资格。贸易公司主张王某、孙某未实际出资，故不具备股东资格亦不享有股东权利，股东是否违反出资义务导致的是该股东是否应承担资本补足责任、是否对已出资股东承担违约责任等相应责任，并不会直接导致其股东资格的丧失，故判决赵某、王某、孙某作为贸易公司的股东，有权行使股东知情权。

2. 二审判决

二审法院采纳了一审判决的观点，认为公司章程以及工商登记信息均记载赵某、王某、孙某为贸易公司的股东，已证明3人的股东身份。关于贸易公司提出的王某、孙某未实际出资的理由，并不能阻却王某与孙某依法行使股东知情权。股东是否实际足额出资可另案处理。故维持原判。

二、以案说法

本案争议的焦点主要是提起股东知情权诉讼的主体资格问题。

（一）股东身份是行使股东知情权的主体

股东知情权是法律赋予股东了解和掌握公司经营管理等重要信息的权利，具有合法目的的股东对公司行使知情权应受法律保护。由此可知，享有股东知情权的前提，是具有合法股东身份，即持有公司股份。当股东要求查阅、复制相关文件资料的请求被公司拒绝时，可以提起股东知情权诉讼。

（二）对股东知情权诉讼资格的认定

在股东知情权诉讼中，是否具备股东资格，是股东权利是否能够行使的前提。司法实践中，股东身份的认定情况是复杂多样的，需要通过形式条件和实质条件进行考量。形式条件应包括公司章程、股东名册、出资证明书、工商登记等，实质条件包括实际出资、认缴出资、签署公司章程等。原则上，只有具备上述条件才能认定股东身份。而在现实中，由于公司或者某些股东怠于承担义务，这些法律特征并不齐全，从而造成股东资格争议。

1. 有出资瑕疵的股东是否可以行使知情权？本案中，贸易公司称王某和孙某没有实际出资，认为其不具备股东资格，行使股东知情权于法无据。法院通过审查形式要件，认为公司章程以及工商登记信息均有记载，故认定王某和孙某具备行使知情权的股东资格。关于股东出资瑕疵的问题，股东知情权行使并非完全由出资情况确定，故出资是否有瑕疵不应影响股东知情权的行使。

2. 未进行工商登记变更的股东是否可以行使知情权？工商登记是对股权转让行为的事实给予确认，对于股东身份本身并没有其他作用。当公司股东发生变化时，公司有义务变更公司章程、股东名册以及工商登记。但公司或者转让方股东怠于变更登记的情况时有发生。此时，要进行实质审查，通过是否出资、是否有认缴行为、是否签订股权转让协议等来判定，工商登记并非取得股东资格的必备条件。

3. 公司原股东是否可以行使股东知情权？公司原股东在起诉时已不具备股东资格，不能行使股东知情权，但如果股东有初步证据证明其作为公司股东期间合法权益受到损害的，可以请求查阅或复制其持股期间的公司文件。

4.隐名股东是否可以行使股东知情权？隐名股东不可以直接行使股东知情权，应先确定其股东资格，进行显名化再行使股东知情权。

5.名义股东是否可以行使股东知情权？名义股东是记载于股东名册或者工商登记的股东，可以按照代持股东的意愿行使股东知情权。

三、专家建议

在日常投资过程中，不要认为自己出资了或者接受转让了就已然成为公司股东，就拥有公司股东的权利了。当想了解公司的经营状况，行使股东知情权的时候，务必要明确自己的股东身份。所以，一是要对自身有要求，及时认缴出资、实际出资、签署公司章程、签署协议等；二是也要对公司有要求，要督促公司修改章程、变更股东名册以及工商登记等。实实在在成为股东，踏踏实实行使权利。

四、关联法条

《中华人民共和国公司法》第四十六条、第四十九条、第五十二条、第五十五条、第五十六条、第五十七条、第一百一十条；《最高人民法院关于适用〈中华人民共和国公司法〉若干问题的规定（三）》第十七条、第二十三条；《最高人民法院关于适用〈中华人民共和国公司法〉若干问题的规定（四）》第七条。

第十四章　关联交易纠纷

关联交易分好坏，既有支持也要约束

近年来，公司与股东间利益纠纷的案件频发，关联交易尤显突出。关联交易作为一种常见的商业行为，虽然存在一定的风险，但也有其积极的方面。因此，公司及广大投资者在打算进行关联交易时，应当充分考虑其利弊、风险及监管要求等因素，做出明智的决策。

一、案例简介

（一）基本案情

真功夫公司成立于 2007 年 7 月，股东为蔡某甲、潘某、A 公司、B 公司和 C 公司。其中，蔡某甲和蔡某乙为兄妹，蔡某乙与王某为夫妻。王某曾于 2006 年 1 月成立 D 经营部，但因经营不善于 2009 年 5 月注销 D 经营部。其间，真功夫公司曾与该经营部签订采购合同，约定由其向真功夫及其关联公司供货。

真功夫公司曾于 2008 年第三次董事会做出决议，全体董事一致同意停止内部关联交易。2009 年 1 月，潘某也提出及时停止关联业务，蔡某甲提出停止禽类业务、冷库供应商，最终获得全体董事一致同意。真功夫公司出具的审计报告中显示，真功夫公司与 D 经营部、E 经营部构成关联关系，属于关联交易。除此，在 2008 年 12 月的审批表显示，D 经营部与同为供应商的 F 公司就某一采购活动中，两单位合同均价相同，最终 D 经营部以比 F 公司便宜 0.1 元的供货价而承接该采购。真功夫公司认为现有证据证明王某经营的 D 营业部并未履行交货义务，并认为蔡某甲、蔡某乙和王某在此期间利用关联交易收取真功夫公司 1436 余万元，且均未交付货物，故诉请法院主张由蔡某甲、蔡某乙和王某赔偿其通过关联交易造成真功夫公司的损失和利息。①

（二）法院裁决

1. 一审判决

一审法院经过审理认定，蔡某甲作为真功夫公司的股东，其与蔡某乙是兄妹关系，而 D 经营部的经营者王某与蔡某乙是夫妻关系，基于蔡某甲、蔡某乙、王某之间亲属关系发生的交易可能导致公司利益转移，故构成关联关系，且真功夫公司与 D 经营部之间基于买卖合同存在交易行为，故案涉交易为关联交易。

由于法律并未禁止合法的关联交易，真功夫公司与蔡某甲的关联交易系股东明知并充分披露；作为股东的蔡某甲也并未用自身权力影响供应商的选择或价格的定价；同时，选择 D 经营部作为供应商时，其供货价格甚至比其他供应商还低，不存在交易价格不公允的情况，故没有证据显示案涉交易存在对价不公允的情况。且真功夫公司提交的证据亦不足以证明蔡某甲等三人未交付货物的事实，并且，虽真功夫公司于 2011 年向其 3 人发送过催告函主张还款，但亦已经过了诉讼时效，故一审法院据此驳回了真功夫公司的全部诉讼请求。

---

① 详可参见（2015）东中法民二终字第 1913 号民事判决书。

2. 终审判决

真功夫公司不服原审判决提起上诉，二审法院审理认定，蔡某甲等三人之间确属于一审法院认定的关联关系，真功夫公司与D营业部之间也确存在关联交易。因《中华人民共和国公司法》（以下简称《公司法》）并无禁止关联交易，且D营业部与真功夫公司从事关联交易期间完全符合"交易信息披露充分、交易程序合法、交易对价公允"3个合法有效关联交易的条件，也即没有证据证明该关联交易损害了真功夫公司的利益。因此，二审法院对真功夫公司的上诉请求不予支持，故也无须对真功夫公司的主张是否已经超过诉讼时效进行论述，并最终驳回了其上诉请求，维持原判。

二、以案说法

通过梳理，本案争议焦点为：股东蔡某甲和其妹蔡某乙与王某经营的D经营部是否利用关联关系，从事关联交易损害真功夫公司的利益？

（一）关联交易的定义与构成

民商事活动中，关联交易并非陌生概念，但大家通常是谈其色变，认为其与股东大肆利用权力中饱私囊，导致公司利益受损直接相关。鉴于事物均具有其一体两面，为了使投资者在交易环境中能够基于对关联交易的客观认知而做出正确的商业投资或经营活动，对于关联交易构成的了解就显得尤为重要。

通常情况下，关联交易是指在公司的财务和经营决策中，存在利益关联关系的两方或多方之间进行的交易。这种关系通常因为股东、董事、监事等管理层及其亲属之间存在的纽带联系而产生，也即日常所说的关联关系。基于关联关系的产生情况纷繁复杂，由此引发的关联交易的类型也不甚相同，最常见的包括购销货物、提供劳务、资金借贷等情形。

进一步而言，对于关联关系的识别是确认是否存在关联交易的判断基础，一如本案中，大股东蔡某甲与从事 D 经营部的王某的妻子蔡某乙为亲兄妹关系，此种因亲属关系而产生的与公司内部股东间的关系，即属于典型的关联关系，而在此关系基础上与公司从事的交易，自然属于关联交易。

（二）《公司法》并未禁止关联交易，合法有效的关联交易受法律保护

关联交易在商事活动中总是受到负面评价甚至引发诉争的主要原因在于，怀有投机心态、牟取非法利益的投资人可以借机利用信息披露不充分、价格不公平等条件，逃避法律的限制和监管，通过关联交易进行利益输送，损害公司或股东或非关联方的权益，由此一度被冠上"违法"的帽子。

然而，合法的关联交易不仅可以实现对公司内部资源的合理配置和高效利用，有效降低公司的采购、销售成本，从而提高公司的盈利水平；更重要的是，关联交易同样起到了转移、分散风险的作用，从而强化公司的抗风险能力。因此，在符合法律监管规定前提下，对关联关系充分披露并完成审批流程等程序后，确定公正、合理的定价机制的关联交易受到法律的保护与支持，自然也值得投资者的实践与创新。

三、专家建议

在公司关联交易等一系列交易活动中，一旦未能合法妥善操作，投资者则不仅可能面临处罚和监管的窘境，更可能会陷入诉争的泥潭，苦不堪言。因此，关联交易的实施需要公司从多个层面做出努力和约束。不论是关联方信息的识别与披露，确保交易的公平性与合规性而制定公正、合理的定价原则，还是严格风险控制角度下履行合规程序或流程，都需要公司或者投资者保有清晰的认识和有效的应对措施。只有这样，才能确保关联交易的合规性、公平性和透明度，维护公司的长久稳定发展。

四、关联法条

《中华人民共和国公司法》第十五条、第十六条、第二十二条、第五十三条、第一百八十一条、第二百六十五条；《企业会计准则第三十六号——关联方披露（2006）》[财会（2006）3号]第三条、第八条；《上海证券交易所股票上市规则（2004年修订）》第十章第一节。

一人任职两司高管，关联交易需把控

虽然在民商事活动中，不论是法律还是政策，均积极维护并鼓励广大投资者勇于践行商事自由原则，以在实现微观层面上个人利益最大化的同时，亦在宏观角度起到不容小觑的经济推动作用。但自由并非毫无边界，能者多劳固然值得肯定，但当利用此等"多劳"下获得的足以撼动公司根本利益的身份和权利，大行损害公司利益之实时，法律也绝不会放任其而为之。

一、案例简介

（一）基本案情

A 公司成立于 2012 年，其中宋某、符某分别持股 60%、32%；郭某持股 8%，宋某任监事。B 公司成立于 2004 年，宋某于 2012 年至 2017 年期间任监事，于 B 公司成立时至 2012 年 5 月持股比例为 50%，此后持股比例为 99%。

2012 年 11 月，D 公司与 A 公司签订技术服务合同，约定由 A 公司向其提供技术服务；2012 年 12 月，A 公司与 B 公司签订技术咨询服务合同，约定由 B 公司向 A 公司提供咨询服务。A 公司向 B 公司分两次分别支付 40 万元、52 万元，但 B 公司此后又分四次向 A 公司支付共 20 万元，故 B 公司最终服务费为 72 万元。2013 年 5 月，D 公司通知 A 公司终止合同，之后就该相同合同项目，其又与 B 公司签订合同。现符某认为宋某同时担任 A、B 公司的股东和监事，存在利用关联关系损害公司及股东利益的行为，宋某的丈夫冯某主张其是替自己代持 A 公司的股权，符某不予认可，故向法院提起诉讼请求宋某和冯某向 A 公司返还 72 万元合同款并承担损失赔偿责任。[①]

（二）法院裁决

1. 一审判决

一审经审理认为，D 公司与 A 公司履行合同期间，宋某同时是 A 公司和 B 公司的股东和监事。其作为高级管理人员，本可以直接代表 A 公司为 D 公司提供服务，但其却通过以 A 公司名义与 B 公司签约，以为 A 公司提供服务为名，间接为 D 公司项目提供服务，其行为明显属于通过关联交易损害 A 公司利益的情形，因此获取的 72 万元，应当依法向 A 公司承担赔偿责任。但因符某对于冯某的诉请，未履行请求执行董事向其提起诉讼的法定前置程序，亦无法得到支持。因此，一审法院认定，宋某赔偿 A 公司 72 万元。

2. 二审判决

宋某不服一审判决，提请上诉。二审法院认为，首先，A、B 公司之间签署的技术咨询服务合同时，宋某分别持有 A、B 公司 60%、99% 的股权，并均担任监事职务，构成关联交易。即使其与冯某之间确实存在代持事实，也仍是其二人主导下的关联交易行为。此外，上述合同未经 A 公司股东会决议，具有违法性。其次，对于该合同的履行，宋某作为 A 公司股东对外履行业务时，又以 B 公司唯一委派人员的身份到 A 公司服务，收取服务费。同时在 D 公司与 A 公司的合同到期后，又与 B 公司签订合同。以上

[①] 详可参见（2021）京 01 民终 341 号民事判决书。

足以证明宋某的行为明显脱离了正常商业运作范畴，有违股东、高管的忠实义务。故二审法院亦认定其应当就关联交易行为造成的损失承担赔偿责任，因而驳回上诉，维持原判。

二、以案说法

本案的核心争议焦点在于：关联交易签署的合同是否需要经股东会决议通过？宋某的行为是否确实构成利用关联交易损害公司利益的情形？

（一）关联交易的行使需按照公司章程的规定履行相应的决议程序

现今《中华人民共和国公司法》（以下简称《公司法》）治理体系中，对于属于内部决策事项之一的关联交易，现行公司法给予了较为宽松的规定，将其纳入意思自治的范围，交由公司章程规定或者股东（大）会决议表决，做出有效决议后即可实施，此一方面是公司自治的实现，同时亦是以决议的方式将该关联交易予以公示披露，确保交易公平、公正进行的前提。

此外，随着2023年《公司法》的修订，更是在原有规定的基础上，着重增加"监事"同样需作为关联交易程序的适用主体，并规定了董事、监事、高级管理人员向董事会或者股东会报告关联交易事项的义务，并允许公司章程规定除了股东会之外，董事会也可作为关联交易的内部决策机构。与此相呼应的是，2023年修订的《公司法》同样加强对关联董事回避表决的管控，明确关联交易等场合之中，与该交易存在关联关系的董事务必回避表决，以确保该决议的结果不会流于形式。

（二）宋某"一肩挑"两公司高管职务实施的系典型违法关联交易行为

本案中，宋某同时持有 A、B 公司的较大股权并担任两公司的监事，既是两公司的高管，亦是控股股东，加之其丈夫冯某后续实际掌握了 A 公司的公章，二人权力更不可控。宋某此种"一肩挑"两公司高管职务的行为，本就是典型的关联关系，而在此关系的加持下，宋某实施关联交易时更是可以不经过股东会的决议便签订合同并履行，此种未经股东会有效表决以确保公平的关联交易行为中，宋某更是擅自以 B 公司的名义将自己派往 A 公司提供服务，收取 A 公司支付的全部高昂服务费，这已然脱离了正常商业运作范畴，有违股东、高管的忠实义务，损害了公司及小股东的合法权益，自然应当得到法律的制裁。

此外，尽管宋某坚持做出存在代持行为的抗辩，看似存在令其得以辩解的机会，但 2023 年修订的《公司法》，首次将共同侵权的逻辑运用在关联交易纠纷之中，规定了若存在公司控股股东等从事损害公司或者股东利益的行为的，与该董事、高级管理人员承担连带责任。由此更是牢牢堵住一些人试图躲避追责的缝隙，令关联交易的市场环境更加稳定、有序。

三、专家建议

任何为谋求自身利益的商业投资行为均不能离开法律程序的框架而擅自为之，尤其以关联交易活动中，没有制约和监督，权力就会偏离其正常的轨道而对公司和中小股东的合法权益造成威胁。因此，仅有在完善、严格奉行公司法规定的程序之下，加强公司内部决策程序的规范与施行，降低公司控股股东、监事等人员利用关联关系损害公司利益的道德风险，才能真正地维护关联交易的公平、公正，使其成为经济发展的有利助推。

四、关联法条

　　《中华人民共和国民法典》第八十四条;《中华人民共和国公司法》第十五条、第十六条、第二十二条、第一百八十一条、第一百八十二条、第一百八十六条、第一百九十二条;《最高人民法院关于适用〈中华人民共和国公司法〉若干问题的规定（五）》第一条。

关联交易造成损害，如何援救

关联交易损害公司及股东利益且屡屡逃脱法律的监管。此时，遭受重创的公司本身也通常无力再予救济，那么，作为公司构成部分的股东，则应当充分利用股东代表诉讼这一救济制度，发挥其功效，实现阻止损失继续扩大的力挽狂澜之积极结果。

一、案例简介

（一）基本案情

A公司为成立于2008年3月的有限责任公司，注册资本100万元，股东为温某、关某、洪某、许某、于某和孔某。其中常某等人为董事，温某为董事长，孔某担任监事。2019年11月，A公司向市场监督管理局申请注销登记，注销原因为决议解散，同日，该市场监督管理局核准其注销。

2019年5月，B公司（甲方）与A公司（乙方）签订《转让协议》，约定就乙方于2008年承租的园区，因在2010年乙方拖欠租金，故协议决定解除该租赁协议，合同存续期间乙方与园区内次承租人签订租赁合同的主体自2010年变更为甲方，并由甲方代为履行其中的权利义务。乙方对甲方在2010年所继续履行的，乙方同租赁园区全部承租人签订的租赁合同中所确定的权利义务表示认可，甲方亦可签订新的合同代替原合同。

现于某和洪某主张，A、B公司实质上系由常某实际控制，两公司签订的《转让协议》属于关联交易合同，损害了 A 公司及其他股东利益，故二人诉请主张撤销该转让协议。①

（二）法院裁决

1. 一审判决

一审法院认为，被撤销的合同自始没有法律约束力，合同当事人的权利义务状态应当恢复至签订合同以前，而本案中，A 公司已经办理了注销登记，法人主体消灭，故显然已无法撤销《转让协议》并将权利义务状态予以恢复。因此，于某和洪某的诉讼请求没有法律依据，法院不予支持。至于于某和洪某认为《转让协议》可能给 A 公司的原股东造成损失，其二人可向行为人提起损害赔偿的诉讼。故驳回了其二人的诉讼请求。

2. 终审判决

于某等二人不服一审判决上诉，二审法院认定，关联交易合同存在无效或者可撤销情形，公司没有起诉的，符合《中华人民共和国公司法》（以下简称《公司法》）第一百五十一条规定的股东，可以依据该规定向法院提起诉讼。也即于某等作为 A 公司股东，在公司已经注销的情况下，对提起股东代表诉讼仍具有诉的利益，有权以自己的名义直接向法院起诉。

此外，对于二人关于 A 公司实际控制人常某自行决议签订协议损害其权利的主张，并未对《转让协议》存在控股股东等利用关联关系损害公司利益的情形提交充分证据，亦未举证证明该协议存在法律规定的可撤销事由，因此对其主张不予支持，故二审法院最终以上述理由驳回上诉，维持了原判。

---

① 详可参见（2021）京 03 民终 8907 号民事判决书。

二、以案说法

本案争议焦点为：股东于某和洪某是否能够以自己名义就该关联交易提起诉讼？关联交易损害公司利益时股东还有哪些救济途径？

（一）股东代表诉讼可以解决公司股东与管理层之间的利益冲突

顾名思义，股东代表诉讼的关键在于"代表"二字，本意为当公司的董事等高管违反信义义务，侵害了公司利益，而公司怠于实施救济时，由公司的股东代替公司以自己的名义起诉，并将获得的赔偿归于公司的一种诉讼方式。换言之，以本案为例，作为股东的于某和洪某认为常某同时作为 A、B 公司的董事，控制两公司从事关联交易，损害了 A 公司的利益，但由于 A 公司已宣告注销，但股东此时提起代表诉讼仍然具有诉的利益，故可以选择以自己的名义起诉。

但是根据《公司法》的规定，股东代表诉讼有其特有的前置程序。即在股东起诉之前，必须先请求监事会、董事会等机关先采取行动，否则即使股东提起代表诉讼也会被法院驳回。然而，有规定也就同样会有例外，在"情况紧急、不立即提起诉讼将会使公司利益受到难以弥补损害的"情况下，股东也可以不经过前置程序而直接提起诉讼。此种豁免，实际上是考虑到实际情况纷繁复杂下的灵活变通。一如本案的情形，A 公司已然注销而不复存在，若此时还要求早已不存在的监事（会）履行前置程序，岂不是违背了其作为解决手段的初衷，而又为股东们平添更多烦恼？

此外，2023 年修订的《公司法》更是在股东代表诉讼制度基础上，进一步将被告范围扩张至全资子公司的董事、高级管理人员，构建了双重股东代表诉讼制度，填补了利益冲突的立法空白。

（二）关联交易损害公司利益时的更多救济途径

由于关联交易情形下暴露出的行为主体对公司决策产生的重大影响，因此很难要求公司勇于向其主张赔偿责任，故此时除了股东在一定条件下提起代表诉讼之外，股东同样需要掌握更多的救济方案，以作为捍卫公司和自身利益的利器。例如，积极行使股东知情权，加强对公司日常经营的知情与监督，比如委托专业机构进行查阅，可有利于股东及时甄别异常关联交易的发生；抑或在控股股东滥用股东权利造成损害时，其他股东有权请求公司按照合理的价格收购其股权，从而从风险中及时脱身。

三、专家建议

民商事领域展现的极高程度的商事自由，极大程度上促发了董事、监事等高级管理人员利用关联交易，弃公司其他股东利益于不顾，成为为自己敛财的"幌子"，而民商事法律并不会保护"躺在权利上睡觉"之人，因此，作为公司股东的投资者，应当积极行使自身的权利，对股东的身份充分利用，行使知情权，从源头上对公司是否存在关联交易的行为进行把控，更需要在公司出现关联交易纷争而陷入泥沼难以自救时，选择以代表诉讼的方式，区分现实紧急情况，果断做出诉讼策略，以作为捍卫公司和自己合法利益的有效武器。

四、关联法条

《中华人民共和国公司法》第二十二条、第一百八十九条、第一百九十条；《全国法院民商事审判工作会议纪要》第二十四条、第二十五条；《最高人民法院关于适用〈中华人民共和国公司法〉若干问题的规定（四）》第二十四条。

关联交易的主体和造成的损失需明辨

为了遏制不当关联交易所造成的巨额损失，具备关联关系的主体之间从事的交易行为，均会引发高度关注。然而，关联交易中风险应当是集中在"交易"二字之上，也仅有对关联主体之间的交易依法进行全面、审慎的判断，厘清关联交易的主体，明确关联交易所造成的真实损失，才能对关联交易的管控实现真实、有力的实效。

一、案例简介

（一）基本案情

A 公司成立于 1997 年，注册资金 50 万元，股东为王某、罗某，王某同时是法定代表人。后经历两次增资后，注册资本增至 1 亿元，股东为 B 公司、王某和周某，分别持股比例为 80%、19.54% 和 0.46%，法定代表人为执行董事李某。2016 年再次增资 1 亿元，全部由 B 公司出资，其持股比例达到 90%。此后其将该股权转让给陈某，法定代表人变为叶某。C 公司成立于 2022 年，系 B 公司的全资控股关联公司。

2015 年 8 月，A 公司作为借款人，与 C 公司作为委托人、D 银行作为受托人共同签订《委托贷款合同》，用于厂房改造，借期 12 个月，0 利率。合同签订后 D 银行即发放了借款，此后 A 公司提前将该借款归还给 C 公司，并支付了利息和违约金。此后三方又签订了一份贷款补充协议，将借款年利率提升到7.2%。现A公司以B公司及其行为发生时的法定代表人李某为被告，主张其利用与C公司的关系从事关联交易，损害了A公司利益，应当承担赔偿责任，要求A公司提前还款并支付高额利息及违约金。[①]

（二）法院裁决

1. 一审判决

一审法院认为，首先，C公司系B公司的全资子公司，B公司又是A公司的控股股东，存在关联关系，故该贷款合同属于关联交易。其次，该关联交易的主体除了C公司以外，还包括彼时C公司的法定代表人，且同样是公司董事的李某，其对于两份合同的签署都加盖了印章并行使了控股股东的职权，在此基础上，C公司要求A公司提前还款，补充约定了较高利率，要求A公司支付利率和本不应该支付的违约金，不符合交易习惯，是利益转移，损害了A公司及其股东债权人的利益，因此判定B公司和李某对实施关联交易造成的损失承担赔偿责任。

2. 终审判决

A公司、B公司和李某不服一审判决上诉，二审法院根据现有事实和证据认定，首先，在B公司与C公司确实存在关联关系的前提下，C公司收取A公司的贷款利息系根据补充协议的变更约定而支付，该利率也符合市场行情，不属于B公司利用关联关系将A公司利益转移向C公司，没有损害其利益；但收取A公司违约金的行为却不符合合同的约定，事实上A公司也并未表示不履行还款义务等预期违约行为，C公司无权收取按照24%年利率计算的高昂违约金，此为控股股东B公司利用关联关系对C公司的

---

① 详可参见（2020）川11民终398号民事判决书。

利益输送，损害了 A 公司利益；其次，李某签字盖章仅是职务行为，且其并非 B 公司的控股股东，不是利用关联关系输送利益的主体，不应对 B 公司的行为承担连带责任，因此撤销了一审判决并做出了相应的改判，判令 B 公司赔偿 A 公司损失（即违约金损失）及利息。

二、以案说法

结合本案情况，争议焦点可总结为：（1）C 公司收取 A 公司的利息和违约金是否系 B 公司利用关联关系损害 A 公司利益？（2）李某是否应与 B 公司承担连带赔偿责任？

（一）是否属于关联交易造成的损失需谨慎判断

本案中，二审法院对一审法院的判决内容做出了变动较大的改判，首先即体现在对于 B 公司利用与 C 公司的关联关系对 A 公司造成的利益损害的具体范围。

其次，就 C 公司收取 A 公司支付的贷款利息而言，属于双方一致对合同约定的利率做出变更的结果，由于变更后的合同同样为有效合同，那么利率由 0 变为 7.2% 就应合法适用，且虽然 C 公司提前收回了借款，但其目的是避免行政决定对 A 公司经营和换券存在的不利影响，系行使合同权利，不属于利用关联关系对 A 公司的利益造成的损失。而对于 C 公司收取的 700 余万元的违约金言，尽管贷款合同约定了 C 公司有权对因政策重大调整而可能对借款安全发生重大不利影响时可提前收回，但此行为并不属于 A 公司违约，仅是 C 公司享有的解除条件，且彼时 A 公司并不存在无法清偿等预期违约行为，因此其无权收取违约金，此损害了 A 公司的利益，C 公司应当承担赔偿责任。

（二）法定代表人是否需就关联交易造成的损失承担连带赔偿责任

实践中，关联交易最终能够实施，除了控股股东利用自身绝对压倒性的权力优势产生影响之外，合同、支票等协议文件的签订等行为同时亦离不开法定代表人的签字或盖章同意行为。以本案为例，在贷款合同履行期间，系李某为法定代表人，且其就贷款合同、补充合同的签署均签字盖章，看似与 B 公司的行为目的相同，但由于彼时李某持股比例仅占 2.32%，远远未到法律规定的控股股东，也非高级管理人员，也即其与 C 公司没有关联关系。此外，李某系经由 A 公司的控股股东 B 指派而出任 A 公司法定代表人，其在支票上盖章的行为仅仅是职务行为，故李某并不是利用关联关系向 C 公司进行利益输送的主体，该主体仅为 B 公司，也就不应当对此承担连带赔偿责任。

三、专家建议

通过对近年来公司法领域关于关联交易的判例的了解与总结，不难发现法院对于关联交易的认定呈现扩大的态势，以求在现有法律制度框架下，大力减少关联交易的发生以及所造成的利益损失。其实，关联交易的本质应当是"交易"，而非"关联"，关联交易的实质在于交易表面上发生在两个或者两个当事方之间，但实际上却只由一方决定。换言之，在双方确存在关联关系时进行的交易，并不必然就是关联交易，而应当看该交易行为是否在一方的控制下有违公平、合理，而损害他方的合法利益。

因此，对于投资者或公司主体而言，为避免在存在关联关系情况下的交易行为被冠上损害合法利益的关联交易，则应当在交易过程中严格按照法律规定和合同约定，履行关联交易中所需具备的法定程序，减少纠纷和诉争。

四、关联法条

《中华人民共和国民法典》第一千一百六十八条；《中华人民共和国公司法》第二十二条、第一百七十八条、第二百六十五条。

第十五章　股东代表诉讼纠纷

如何认定股东代表诉讼的适格原告

在《中华人民共和国公司法》（以下简称《公司法》）中，股东可以通过行使代表诉讼提起权维护公司的合法利益，而在股东代表诉讼过程中，原告可能会因为商业考量转让股权，或因出资等问题被动丧失股东资格，此时原告是否有资格继续参与诉讼便成了亟待解决的争议问题。

一、案例简介

（一）基本案情

2007 年 11 月，陆某某、杨某某与李某某签订《投资协议》，三方出资设立 A 公司。2008 年 8 月，李某某的父亲成为 A 公司的股东。2011 年 4 月，A 公司获得国家知识产权局授予的某项专利权，后 A 公司对外签订两份以该专利权为基础的服务合同。2011 年 12 月，李某某登记成为 A 公司的股东。2015 年 3 月底，陆某某、杨某某退出 A 公司。

2014 年，李某某发现 B 公司与 A 公司存在业务竞争关系，且 B 公司股东包含陆某某与杨某某。同时经查询发现，2011 年 7 月，A 公司将其享有的专利权无偿转让给周某，且专利转让后，陆某某、杨某某与周某将专利作为3人的入资设立B公司，并将该专利的权利人变更为B公司。陆某某、杨某某作为A公司的董监高时，违反了公司法赋予的法定义务，严重损害了A公司及其股东的利益。2015年6月，李某某以陆某某、杨某某侵害A公司权益为由诉至法院，请求陆某某、杨某某赔偿A公司损失300万元。[①]

（二）法院裁决

1. 一审判决

一审法院认为，李某某在A公司成立之初虽然不是公司股东，但根据三方签订的《投资协议》，应当认定为李某某的股权系由其父亲代持，且李某某于2011年登记成为A公司的股东并兼任公司监事，因此其有权以自己的名义提起诉讼。同时，陆某某、杨某某在担任A公司董监高期间，将涉案专利无偿转让给周某，并将专利作为3人的入资成立B公司，已构成对A公司和其他股东利益的损害，违反了法定义务。根据A公司对外签订的两份服务合同可知，A公司的相关业务系以涉案专利为基础进行，专利转让将直接影响A公司的正常经营活动。因此，一审法院酌情判决陆某某、杨某某赔偿给A公司损失300万元。

2. 终审判决

陆某某、杨某某在二审中提出，2017年2月20日，李某某持有的A公司股份已全部转让给C公司，其已丧失本案的原告资格。法院经审理查明上述情况属实，李某某虽然在起诉时具备A公司的股东身份，但在法院审理过程中，其已丧失股东身份，因此裁定撤销一审判决，驳回李某某的起诉。

[①] 详可参见（2017）京01民终9059号民事裁定书。

二、以案说法

本案主要争议焦点在于原告在股东代表诉讼过程中丧失股东资格，是否有权以股东身份继续参与案件诉讼。

（一）股东代表诉讼的理论基础

根据《公司法》的相关规定，董监高执行公司职务时违反法律、行政法规或公司章程的规定给公司造成损失的，有限责任公司的股东在履行前置程序后或情况紧急、不立即提起诉讼将会使公司利益受到难以弥补的损害的，有权为了公司的利益以自己的名义直接向人民法院提起诉讼。在本案中，陆某某与杨某某作为公司的董监高，其无偿转让 A 公司所有的专利权已构成对 A 公司利益的侵害，因此，2015 年李某某提起诉讼之时，其作为公司的股东有权就董监高的违法行为提起股东代表之诉。

究其立法本意，股东代表诉讼制度是一种特殊的代位诉讼，其基于公司与股东之间的特殊关系而产生，通过赋予公司股东提起诉讼的权利，有效保障公司利益不受董监高等非法行为的侵害。同时根据《最高人民法院关于印发〈全国法院民商事审判工作会议纪要〉的通知》的相关规定可知，股东资格的认定是制度的关键之一，权利享有的对象应为公司股东，而何时成为股东并不影响起诉。在本案中，虽然陆某某、杨某某的侵权行为发生在李某某成为工商登记的股东之前，但在李某某成为公司股东后，其依然有权提起股东代表诉讼。相应地，李某某在诉讼过程中转让其股权，其与公司的特殊关系已不复存在，理应丧失了为公司主张权利的事实基础。实践中，股东转让其股权或因未履行出资义务被剥夺股东资格等，都可能导致股东在诉讼过程中丧失股东资格，而多数法院也认定，股东在股东代表诉讼过程中丧失股东资格后，应当驳回其起诉。

（二）股东丧失股东资格后的救济

股东在股东代表诉讼过程中丧失股东资格的，法院可以向原告释明并确认现任股东是否同意其继续参与诉讼，或现任股东是否同意作为原告继续诉讼。在最高院的过往案例中，曾经出现类似的情况。从《公司法》的现有规定来看，有限责任公司中，现任股东是具备股东代表诉讼的原告资格的，因此其提起或继续参与股东代表诉讼是合法合规的；从提高司法审判效率的角度来讲，在原股东丧失股东资格后，现任股东代其继续参与诉讼，有利于提高案件审理效率，减少司法资源浪费，有效维护公司合法权益。同样，若现任股东同意原股东继续参与诉讼，事实上形成了一种授权关系，法院判决后的利益仍然归属于公司所有，事实上也维护了公司的合法利益，符合本制度的立法初衷。从股东角度来讲，若股东在诉讼过程中主动丧失股东资格，可以与现任股东协商，明确其继续参与诉讼的权利，若涉及股权交易，还可通过调整交易对价以维护股东的合法权益。

三、专家建议

股东在依据《公司法》相关规定提起股东代表诉讼过程中，应当注意保持其有效的股东身份，以免被认定为丧失原告资格，进而被驳回诉讼请求。同时若股东在诉讼过程中需要转让其股权的，特别是有限责任公司的股东，应当寻求律师的专业意见，可以选择保留部分公司股权，以继续参与诉讼；也可相应地在股权交易方案中约定，由股权受让人继续参与诉讼，以维护公司的合法权益，或相应调整股权交易对价，以保障股东合法权益。

四、关联法条

《中华人民共和国公司法》第一百八十九条;《最高人民法院关于适用〈中华人民共和国公司法〉若干问题的规定（四）》第二十四条;《最高人民法院关于印发〈全国法院民商事审判工作会议纪要〉的通知》第二十四条。

股东代表诉讼"他人"的范围如何确定

为保证公司利益被管理层侵害、公司意思亦被管理层控制时，公司的权益仍能够得到司法救济，股东代表诉讼应运而生。股东可以凭借间接诉讼向公司董事、监事、高级管理人员追究违反受信义务的赔偿责任，还可以对侵犯公司合法权益的他人起诉。如何确定"他人"的范围，不仅关系到公司利益能否得到充分保障，也将对公司自治和经营秩序产生影响。

一、案例简介

（一）基本案情

2017年9月14日，某科技公司依法设立，设立股东为：某有限公司、袁某、王某、蔡某和张某。某有限公司主张，2018年9月5日，张某未告知某科技公司董事会、财务总监，未经公司其他股东同意，私自从公司账户转走15万元到个人账户。此后，某有限公司向某科技公司的董事会发出《关于要求公司提起诉讼追偿款项的函》，请求董事会在收到该函30天之内向张某提起民事诉讼并追回款项，董事会未采取措施。某有限公司遂向安徽省合肥某区法院提出诉讼请求，要求张某向某科技公司返还资金15万元，并支付相应利息损失。张某主张，本案事实是其在公司成立过程中为某科技公司垫资，现公司成立后将借款归还给她。本案未经实体审理，两级法院主要就原被告主体是否适格等问题作出裁定。①

（二）法院裁决

1. 一审裁定

一审法院认为，在股东行使代表诉讼中，损害公司利益的人为董事、高级管理人员及其他公司管理者，本案张某仅为某科技公司的股东，在公司不担任任何管理职务，因此，其不属于上述人员范畴内，裁定驳回某有限公司的起诉。

2. 终审裁定

二审法院认为，股东代表诉讼的适格被告不仅仅是公司的董事、监事、高级管理人员，亦包括侵犯公司合法权益的他人。《中华人民共和国公司法》（以下简称《公司法》）及《公司法》司法解释并未限定该条所指的他人仅指公司内部人或外部人，由此，《公司法》对股东代表诉讼的被告并未做任何限制，凡是侵害了公司合法权益的人，都可能成为股东代表诉讼的被告。本案中，某有限公司以某科技公司股东张某为被告提起股东代表诉讼，并未超出法律关于股东代表诉讼的程序设计，具有法律依据，裁定撤销原裁定，指令一审法院审理。

二、以案说法

本案的争议焦点在于某有限公司提起股东代表诉讼是否适当，具体包括两个问题：一是公司股东张某是否可以作为股东代表诉讼的被告？二是某有限公司是否已经履行了前置程序？

（一）适格被告

根据《公司法》第一百八十九条，股东代表诉讼的被告包括

---

① 详可参加（2020）皖 01 民终 3806 号民事裁定书。

董事、监事、高级管理人员和他人。从文义来看，"他人"指任何侵害公司利益的第三人；而从该条的设立目的来看，股东代表诉讼在于追究公司内部控制人怠于维护公司利益时的责任，主要是为了保护公司和少数股东的权益，"他人"宜限定在控股股东、实际控制人等控制公司意思的人及其关联人的范围内。目前，在法律没有限定"他人"具体含义、我国公司治理水平仍有待提升的情况下，大多数法院倾向于认可任何侵害公司利益的人都能作为股东代表诉讼的被告，并不当然限制在董监高、控股股东、实际控制人及其关联人的范围内。本案中，张某虽不在某科技公司履职，仅为一名普通股东，不是典型的董监高或大股东违信的情形，但不排除其有侵犯公司合法权益的可能性，仍然是股东代表诉讼的适格被告。

（二）前置程序

原告股东未满足前置程序是大多数被告都会提及的抗辩理由，根据《公司法》第一百八十九条和《全国法院民商事审判工作会议纪要》第二十五条的规定，只有在两种情形下能够豁免先诉请求：一是情况紧急、不立即提起诉讼将会使公司利益受到难以弥补的损害的；二是股东向公司有关机关提出书面申请时，不存在公司有关机关提起诉讼的可能性的。前者的证明责任更重、要求更高；后者则往往依据基本事实就可以判断，可能是公司瘫痪，股东已无处寻求内部救济；也可能是公司治理失灵，应当被请求的对象恰是侵害公司利益的当事人或其利害关系人等。

《公司法》及其相关司法解释并未明确在他人侵犯公司合法权益情况下，股东提起代表诉讼前应先书面请求公司哪一机关向人民法院提起诉讼。在这种情况下，股东向公司哪一机关提出起诉请求，应当考虑方便股东起诉，故董事会（执行董事）和监事会

（监事）都可以作为被请求的公司机关。本案中，某有限公司提供证据证明其已向某科技公司董事会发出函件且已被签收。后 30 日内，某科技公司并未向张某提起诉讼，故应当认为提起股东代表诉讼的前置程序履行完毕。

三、专家建议

就目前的司法实践来看，股东代表诉讼的被告即使不是公司管理层或股东，也多是其关联方或曾为关联方，或者与公司管理层、股东等内部人存在恶意串通的嫌疑。股东代表诉讼的被告以"他人"兜底，主要是为追究控股股东、实际控制人及其关联人，董监高的关联人等损害公司利益时的责任。在公司运转正常、"他人"与公司内部人无涉的情况下，股东除非有合理依据怀疑公司管理层等未尽信义义务，否则应先行与公司有关机关积极沟通，不宜盲目干涉公司有关机关的决定，提起间接诉讼而扰乱了公司正常的经营秩序。

四、关联法条

《中华人民共和国公司法》第一百八十八条、第一百八十九条；《全国法院民商事审判工作会议纪要》第二十五条；《最高人民法院关于适用〈中华人民共和国公司法〉若干问题的规定（二）》第二十三条；《最高人民法院关于适用〈中华人民共和国公司法〉若干问题的规定（五）》第一条、第二条。

股东代表诉讼中前置程序如何履行

当外部人侵害公司利益时，公司可以通过提起民事诉讼来有效维护公司的合法权益。但是，当内部人诸如控股股东、董事、监事或者高级管理人员利用自身控制和影响从公司内部侵害公司利益时，公司的所有者——股东们期待公司自己提起诉讼来进行救济就变得非常困难了。股东代表诉讼就是为了解决这类问题，帮助股东行使相应权利，有效保障公司及自身权益而采取的重要制度。

一、案例简介

（一）基本案情

李某某与彭某某在担任某开发公司董事职务的同时，担任了甲公司的董事职务。2005年，在二人任职期间，利用其对开发公司的控制地位，将开发公司的70余万元财产分4次转入其他公司账户，之后又辗转汇入了某投资公司（该公司系开发公司和甲公司实际控制人）控制下的甲公司账户。之后甲公司承诺于一定期限内转回，但最终并未转回上述款项。2012年，在李某某与彭某某控制之下，开发公司与广州某公司签署了《债权转让协议》和《以房抵债协议》，确认开发公司对投资公司债务转让给该公司，并用开发公司持有的5套房产折抵上述债务。投资公司、李某某和彭某某除上述行为之外，还多次利用其对开发公司的控制和管理地位进行关联交易、虚构债权，严重侵害开发公司权益，导致开发公司对外承担巨额债务，蒙受了巨大的财产损失。

2017 年 7 月，开发公司股东周某甲向法院提起了股东代表诉讼，要求投资公司、李某某与彭某某共同赔偿开发公司在上述行为中所受到的财产及经济损失。被告投资公司、李某某与彭某某认为周某某没有履行股东代表诉讼的前置程序，且周某某的诉讼请求缺乏事实和法律依据，请求法院予以驳回。[1]

（二）法院裁决

1. 一审判决

一审法院认为，开发公司聘任周某乙为监事的决议在另案生效民事判决中被否定，因此开发公司并不存在事实上的公司监事。故周某甲所主张的"已经书面向公司监事周某乙提出了起诉要求但被拒绝，可以视为履行了股东代表诉讼前置程序"这一点不能成立。此外，开发公司的董事会包含周某甲在内共有 5 人，周某甲若起诉其中两名董事仍能够形成董事会多数决议，并不存在无法履行前置程序的客观情况。因此，一审法院认为周某甲代表开发公司提起的股东代表诉讼具备履行前置程序的条件，且没有切实履行。裁定驳回周某甲的起诉。周某甲预缴的案件受理费，一并予以退回。

2. 终审判决

二审法院认为，开发公司事实上没有工商登记的监事和监事会，且周某乙被聘任为开发公司监事的事实已为另案生效民事判决否定。因此，周某甲无法向公司监事或监事代表提出相应请求，起诉公司董事侵害公司权益的股东代表诉讼前置程序客观上无法

---

[1] 详可参见（2019）最高法民终 1679 号。

履行。此外，开发公司除周某甲以外的其他4名董事均为投资公司的董事或者高管，与投资公司具有利害关系，基本不存在开发公司起诉投资公司的可能性，要求周某甲履行股东代表诉讼前置程序已无必要。因此，周某甲主张不经过股东代表诉讼前置程序直接提起诉讼的上诉理由成立。裁定撤销一审裁定，同时指令湖南省高级人民法院审理此案。

二、以案说法

本案的争议焦点为：周某甲向法院提起的股东代表诉讼是否履行了前置程序？要分析该争议焦点，就必须按照股东诉讼前置程序的流程进行梳理。

（一）股东代表诉讼前置程序的"交叉管辖"

股东代表诉讼的前置程序是指公司董事、高级管理人员存在执行职务违反法律、行政法规或者公司章程的规定给公司造成损害，并由股东提起代表诉讼时应当先向公司的董事会或监事会提出提起诉讼的书面请求。在这项制度规定中存在着一个"交叉管辖"的情形，即如果公司的董事或者高管侵权，股东应当向公司监事会或监事代表提出书面请求；如果公司的监事或者他人（此处的他人指公司董事或者高管的近亲属等与公司内部人员有利害关系的人）侵权，股东则应当向董事会或者执行董事提出书面请求。

本案中，李某某和彭某某以及投资公司作为开发公司董事侵害开发公司权益，周某甲在提起股东代表诉讼之前，如果开发公司存在经有效决议设立的监事会或者监事，应当向监事会或者该监事提出提起诉讼的请求。周某甲由于对任命监事决议的确信，进行了相应的程序，其主观上是符合股东代表诉讼前置程序相关要求的。同样，投资公司作为开发公司的实际控制人，属于《中华人民共和国公司法》第一百八十九条中的"他人"，股东按照"交叉管辖"的规定应当向董事会提出提起诉讼的请求。

（二）履行前置程序后的处理

当董事会或者监事会收到股东提交的起诉申请之后拒绝提起诉讼，或者自收到股东提交的请求之日起 30 日内未提起诉讼，或者客观情况确实紧急、如果不立即提起诉讼将会使公司利益受到难以弥补的损害的，股东就有权以自己的名义直接向人民法院提起诉讼。也就是说，如果股东积极履行前置程序，而公司相关机构怠于追究，则可认为前置程序履行结束，可以由股东直接提起股东代表诉讼。

本案中，周某甲向公司的"监事"周某乙提出了提起诉讼的请求，但遭到了周某乙的拒绝。此时便可以认定存在公司确实怠于追究的情况，周某甲便可以以自己的名义向法院提起诉讼。

（三）股东代表诉讼前置程序的豁免

股东代表诉讼的前置程序是为了防止股东滥诉，确保公司正常的经营秩序。所以一般情况下，股东未经前置程序直接起诉的，会被法院驳回。但是该前置程序针对的是公司治理的一般情况，即在股东向公司有关机关提出书面申请之时，存在着公司提起诉讼的可能性。如果事实上并不存在这种可能性，则法院不应当以股东未履行前置程序为由驳回起诉。

本案中，周某甲在提起股东代表诉讼之前也确实向开发公司设立的所谓"监事"提出了提起诉讼的请求，但该"监事"的设立程序存在瑕疵，且已经被另案人民法院有效判决否定。因此，客观上周某甲并不具备履行前置程序的客观要件。此外，投资公司作为"他人"，周某甲对其提起股东代表诉讼依照前述"交叉管辖"应当向董事会履行前置程序。但开发公司董事会中除周某甲之外的其余 4 位董事均为投资公司的董事或高管,与投资公司存在利害关系,按照一般的逻辑来看,基本不存在开发公司董事会起诉投资公司的可能性。所以针对本案要求周某甲履行前置程序已无必要,可以适用前置程序的豁免,由周某甲直接向法院提起诉讼。

三、专家建议

股东代表诉讼前置程序是维护股东权益的重要环节。在实际操作中,股东应认真履行前置程序,确保诉讼的合法性和合规性。同时,要及时了解公司的经营财产状况,积极履行股东权利。面对董事、高管或者他人侵害公司权益的情况,及时掌握侵权相关证据材料,并积极向董事会或监事会提出提起诉讼的请求,并在确认公司怠于追究的情况下主动行使权利。如果出现能够豁免前置程序的情形,积极搜集相关证据并向法院提起诉讼,充分保护公司及自身权益。公司董事会和监事会也应高度重视股东的请求,切实采取措施解决问题。

四、关联法条

《中华人民共和国公司法》第一百八十八条、第一百八十九条。

第十六章 董监高义务责任纠纷

"有名无实"的机构负责人是高管吗

高管对公司承担忠实勤勉义务，而其中关键的前提则是对其高管身份的明确定义。在这个语境下，对高管身份的准确定义不仅影响了公司治理结构和内部决策的透明度，更直接关系到高层管理人员是否应当为其行为承担法律责任。

一、案例简介

（一）基本案情

原告 A 公司与被告马某于 2007 年 7 月 18 日签署了一份合作协议，明确规定了支付方式、佣金、提成等相关条款。在双方未签署劳动合同、未履行社保等相关义务的情况下，公司章程及其他文件中由股东和职工签署，但未涵盖被告马某的签字。公司章程规定设有一名经理，该职位由股东会聘任，但原告的股东会并未聘任被告担任经理，公司工商档案反映原告经理职位处于空缺状态。原告未支付工资给被告，同时被告未要求支付工资。原告声称被告马某违反了忠实义务，向 C 公司透露了原告的商业机会和商业秘密，导致两份合同解除，C 公司以新合同取代。原告认为这直接违反了忠实义务，损害了原告的利益，因此要求法院裁定将"所得的收入归公司所有"。在此前的案件中，原告以侵犯商业秘密为由起诉C公司等，最高人民法院再审后维持原判。最高人民法院的裁定认为"C公司存在侵犯商业秘密的行为"，并在再审阶段提供的新证据证明"C公司还存在利用其便利条件与A公司的前雇员联络的行为"。①

（二）法院裁决

1. 一审判决

一审法院经审理认为，根据目前所掌握的证据，被告马某仅担任"驻B地代表处"的总代表和经理，并没有证据证明他曾行使过原告公司经理的职权。鉴于此，法院判决驳回了原告A公司的诉讼请求。

2. 终审判决

二审法院审理后认为，马某的职权明确限定于负责、执行B地代表处的工作事务，负责按约收取项目的效益佣金和业务提成，对A公司的整体经营管理不享有任何职权。他仅作为A公司雇用的驻外机构及特定项目的执行负责人存在。由此可明确，马某既不拥有A公司高级管理人员的职位，也未曾行使过公司高级管理人员的职权，不符合法律和章程对公司高级管理人员的规定。因此，A公司的上诉请求缺乏依据，应当被驳回。一审法院判决认定事实清楚，法律适用基本正确，因此应予以维持。最终判决为驳回上诉，维持原判。

二、以案说法

《中华人民共和国公司法》（以下简称《公司法》）第二百一十

---

① 详可参见（2017）沪01民终12579号民事判决书。

六条通过列举的形式对高管进行了规定。在理论上，我国公司高管的范围有狭义与广义之分，狭义上的高管范围即为《公司法》第二百一十六条的规定。广义上的高管范围除《公司法》第二百一十六条的规定外，还包括了董事、监事（但不包括其中的职工代表）。

在本案件中，争议焦点是被告马某是否应被认定为原告公司的高级管理人员。首先，商事主体在市场经营过程中，可能会出现高管职权与职务交叉的情况，《公司法》第二百六十五条第一款明确了高级管理人员的身份范围，包括公司经理、副经理、财务负责人，上市公司董事会秘书以及公司章程规定的其他人员。高级管理人员的认定并非简单套用法规，为判断公司相关人员是否属于高级管理人员，需要考察其是否担任法律所规定的职务。其次，需要审查公司章程是否规定了其他具有高级管理职责的人员，也体现在其对公司决策的执行权或决策权的具体行使，以及其对公司核心信息的掌握程度上。在本案件中，A 公司二审确认，马某并非 A 公司的经理，而是被聘为驻 B 地代表处的总代表和经理。尽管 A 公司的章程以及客观上将经理和执行董事的职责合并在公司法定代表人一人身上，但实际上由马某担任的是驻 B 地代表处的总代表和经理职务。值得注意的是，尽管在口头和对外称呼中，马某自称为 A 公司的副总经理并享受相应待遇，但这并不改变其实际职责的性质。

最后，案件事实清楚表明，马某与 A 公司之间并未建立正式的劳动合同关系。尽管他在口头上自称为 A 公司副总经理，但这并不在法律上确认其高级管理人员身份。从上述协议来看，马某的职权范围明确限定于负责、执行 B 地代表处的工作事务，依约收取项目的效益佣金和业务提成，对 A 公司的整体经营管理不享有任何职权。同时，对于他在 B 地项目中所承担的联络、洽谈、签约等活动，与其作为驻 B 地代表处总代表、经理的职责范围一致。因此，参与项目的负责人是否为公司高级管理人员不能单纯以项目是否为公司核心业务来判断。

从逻辑上看，尽管马某在口头上自称副总经理，但其实际职责和公司法律地位并不相符。缺乏正式的劳动合同以及其在 B 地项目中的职责与其代表处总代表身份相符，都表明其并非公司的高级管理人员。因此，关于 B 地项目是否为公司核心业务的内部评估并不应成为衡量其高级管理人员身份的决定性标准。

这一认定既基于法律法规的规定，也基于 A 公司章程对相关职务的具体设定。马某既不履行公司法定职责，也未在章程规定的高级管理层中占有一席之地。因此，法庭得出结论，马某不符合 A 公司高级管理人员的法定义务和章程规定，因而不能被认定为 A 公司的高级管理人员。

三、专家建议

尽管《公司法》对高管有明确规定，但由于企业管理复杂，实际中可能存在无名但履行高管职责的人。因此，高管认定需采用符合法律目的的扩大解释，依法识别实际行使高管职责的人员。最高人民法院强调，认定高管身份不仅依赖形式审查，还需进行实质审查，考虑员工实际权责和业务范围，尽可能地穿透这一"面纱"，有助于准确判定高管身份，从而维护公司治理合法性和稳定性。

四、关联法条

《中华人民共和国公司法》第二百六十五条。

"一人担两角"，是否会人格混同

在商业领域，两个公司共享一个董事长的情况多次引发了对"人格混同"的关注。这意味着同一位领导者承担了两家企业的决策重任，但也带来了责任分担的复杂性。关键问题在于，当其中一家公司面临风险或法律责任时，是否应该让董事长在另一家公司承担相应责任。这种交织的商业关系涉及法律责任如何平衡，以确保两家公司在治理结构上的公正和透明。

一、案例简介

（一）基本案情

1996 年 9 月，B 集团与 A 公司合资成立度假村公司，2002 年 11 月进行增资扩股，股东达到 6 家。2006 年 10 月 22 日，度假村公司召开股东会，其中 3 家股东（包括 A 公司）支持与 C 公司合作，两家股东反对，一家弃权。董事长邹某既是 A 公司法定代表人也是度假村公司董事长。由于合作决策导致损失，B 集团起诉 A 公司滥用股东权力，一审胜诉。不满赔偿数额，双方上诉至最高人民法院，最终法院裁定撤销一审判决，驳回 B 集团的诉讼请求。[①]

[①] 详可参见（2013）民二终字第 43 号民事判决书。

（二）法院判决

1. 一审判决

一审法院认为 A 公司利用其董事长邹某同时为度假村公司董事长的条件和掌管度假村公司公章的权力自行制作《三亚度假村有限公司股东会决议》，系滥用股东权利，并由此侵犯了 B 集团的合法权益。判决认定被告 A 总公司在通过《三亚度假村有限公司股东会决议》过程中滥用股东权利；A 公司于本判决生效之日起 30 日内向原告 B 集团赔偿经济损失 458.139435 万元；驳回原告 B 集团的其他诉讼请求。

2. 二审判决

二审法院认为，"双重职务身份"并不为《中华人民共和国公司法》（以下简称《公司法》）及相关法律法规所禁止，且该董事长系由度假村公司股东会依公司章程规定选举产生，符合《公司法》第四十五条第三款的规定。判决撤销海南省高级人民法院（2012）琼民二初字第 1 号民事判决书；驳回海南 B 集团有限公司的诉讼请求。

B 集团向最高人民法院申请再审，认为（2013）民二终字第 43 号民事判决适用法律错误，认定的基本事实缺乏证据证明。再审法院认为，B 集团主张由 A 公司赔偿其相应损失没有事实和法律依据，遂裁定驳回 B 集团的再审申请。

二、以案说法

案件争议的焦点集中在 A 公司是否滥用了股东权利，具体表现为 A 公司的法定代表人兼任度假村公司董事长，引发是否存在人格混同的问题。人格混同主要表现为财产混同、业务混同和人员混同。在司法实践中，对于财产混同的观点存在一定的不一致，尤其涉及法定代表人或高管的兼职、双重职务，一人多职的证明效力存在差异。人员混同不一定证明人格混同，而对于业务混同的认定则相对较为严格，要求业务完全一致，达到市场难以区分的程度。财产混同主要体现在股东的营业场所或住所完全一致，公司与股东账簿不分或合一，以及公司与股东的资产混合等方面。这可能导致公司财产被非法转移、私吞，从而影响公司对外承担责任的基础。在本案中提到的"双重职务身份"并不违反《公司法》及相关法律法规。只要选举程序和资格符合法律和公司章程的规定，同一人完全可以担任多个职务，不能仅凭此认定公司存在人格混同。

在本案中，涉及 A 公司是否滥用股东权利成为争议的核心问题。度假村公司股东会的决议经过合法的表决程序，A 公司以正当方式行使其法定表决权，未对其他股东权益构成侵犯。此外，度假村公司与 C 公司的合作开发协议是以度假村公司董事会和董事长名义实施的，代表了度假村公司的法人行为，没有证据证明这是 A 公司越权的行为。尽管 A 公司法定代表人邹某同时担任度假村公司董事会董事长，但该双重身份符合《公司法》规定，且未违反法律法规。因此，在这一情况下，度假村公司和 A 公司应被视为独立的法人实体，不应仅因两者的董事长相同而认定其法人人格合一。总体而言，A 公司并未滥用股东权利。

值得关注的是，在度假村公司股东会的表决过程中，A 公司合法行使其法定表决权，未对其他股东权益构成侵犯。根据全体股东的表决结果，度假村公司董事会制定了《三亚度假村有限公司股东会决议》，其中载明："根据《公司法》规定：'度假村公司股东会通过度假村公司与 C 公司合作开发方案'。"随后，双方签署了合作开发协议并将其实施。这些行为及经营活动均是以"度假村公司董事会、董事长"名义实施的，代表了"度假村公司"的法人行为，没有证据证明这是 A 公司作为股东越权的行为。首先，需要指出的是，A 公司法定代表人邹某兼任度假村公司董事长并不违反《公司法》规定。在公司法律体系下，法人个体之间的独立性原则是被充分承认和保护的。法定代表人在不同公司兼职并担任董事长的情况并非罕见，只要符合法规要求，不违反公司章程，并经公司股东会同意，通常是合法合规的。其次，重要的是明确两家公司应被视为独立的法人实体。法人人格独立性原则是《公司法》的基石之一，即使董事长相同，也不应该因此认定法人人格合一。在没有实质证据表明存在利益输送的情况下，不能随意推断 A 公司损害了度假村公司及其股东 B 集团的利益。

因此，原审判决缺乏实质事实和法律依据的结论是合理的。在未能证明法人人格混同和利益输送的前提下，不能认定 A 公司对度假村公司和 B 集团的任何不当侵害。在完善裁决时，应强调《公司法》规定的独立法人性质，以及需要有确凿的证据来支持对公司及其法定代表人的指责。

三、专家说法

现代公司制度的基石是股东的有限责任，它通过将股东的潜在损失限制在其认缴的投资金额内，有效地将公司经营不善所带来的亏损风险从股东身上转移到债权人身上。然而，当股东滥用公司法人独立地位和股东有限责任，以逃避债务，严重损害公司债权人利益时，应对公司债务负有连带责任。双重职务身份并不为法律所禁止，不应仅以两公司的董事长为同一自然人，便认定两公司的人格合一。对于两家公司的人格独立性，需要综合考量其财产状况是否相对独立和清晰。在缺乏证据证明公司与其股东存在利益输送的情况下，不能草率地将"职务混同"等同于"人格混同"。

四、关联法条

《中华人民共和国公司法》第二十一条、第二十三条、第六十六条、第六十八条第二款、第一百九十条。

"董监高"的忠实义务有哪些

在这个竞争激烈的时代，董事与监管高层的忠实、勤勉与义务成为企业成功的不可或缺的支柱。忠实，是指对公司使命、价值观的坚守，对股东、员工、客户的忠诚承诺。义务，是指对社会、环境、法律的责任担当，只有以诚信和责任的态度面对各方利益关系，企业才能在可持续的道路上稳健前行。

一、案例介绍

（一）基本案情

2017年1月1日，B公司（甲方）与A公司（乙方）签订《厂房承租合同》，规定厂房的每月租金为5万元，支付日期在每月5日前。合同中详细约定了双方的权利义务。然而，到了2020年12月1日，双方为租赁事宜再次签订《补充协议》。首先，规定乙方必须在2021年5月31日前搬离现址，如未能如期搬离，从6月1日起每月租金将调整至20万元。其次，原合同中的11万元押金将在签订《补充协议》之日支付给甲方，且在10日内无息退还给乙方。最后，租期以实际搬离时间为准，提前搬离不算违约，但在搬离前乙方需支付清水费和电费。这一系列的变更和补充事项最终导致了法律纠纷。股权变更后，A公司认为，夏某在担任A公司法定代表人期间，租用厂房时投入的装修费用与收取的租金不成比例，要求其赔偿损失。①

（二）法院裁决

1. 一审判决

一审法院生效判决中强调，公司法定代表人在履行职务时应符合法律、行政法规或公司章程规定，违规行为造成公司损害则需承担赔偿责任。不过，对于合理职务行为，法定代表人应免责。夏某退出公司时，与新股东共同进行全面财务清算，且 A 公司进行股权转让时也完成了全面清算，处理了经营期间的各类纠纷，包括与装修有关的事宜。A 公司未能充分证明夏某擅自装修牟取私利的行为，办公楼装修后成功出租并收取租金的情况也佐证了夏某并未以法定代表人身份损害 A 公司利益。因此，法院综合考虑了夏某在公司事务中的行为，全面处理了 A 公司主张的装修问题，最终判决驳回了 A 公司的全部诉讼请求。

二、以案说法

本案的争议焦点在于夏某担任 A 公司法定代表人期间有无违反忠实义务，有无损害 A 公司利益。

就本案而言，夏某对 A 公司是否损害公司利益，依据现有证据，具体分析如下：

董事、监事、高级管理人员的忠实义务在概念上要求他们在履行职责时需忠诚并维护公司利益。这涵盖了在主观层面上不得有意进行损害公司利益的行为，同时也要求在客观层面上不实施任何可能损害公司利益的行动。根据现有司法判例，即便"董监高"的职权行使导致公司损失，只要其主观上是出于维护公司利

---

① 详可参见（2022）粤 0114 民初 12297 号民事判决书。

益的考虑，就不属于违反忠实义务的行为。为进一步强调这一原则，2023年修订的《中华人民共和国公司法》（以下简称《公司法》）第一百八十一条详细说明了董事、监事、高级管理人员不得利用职权收受贿赂或其他非法收入，不得侵占公司财产等行为。新法的规定明确了"董监高"在职责履行中的法定义务，强调了在职权行使中保持忠诚、不牟取私利的原则。而相对于忠实义务，勤勉义务是积极作为义务，是指公司董事、监事、高级管理人员"在管理公司事务的过程中负有运用自己的知识、经验、勤勉和技能并且达到法律所要求的程度的义务"。它主要评价和规制的是董、监、高在管理公司过程中的行为方式，强调的是他们履行职责的谨慎、负责、勤勉。

鉴于本案中A公司提出的事实证据更为有力，法院对其主张予以采纳。在租赁涉案场地时进行的装修被认为是A公司使用场地的必要条件，因此对涉案场地进行装修并由A公司承担装修费用并无不妥之处。A公司的陈述指出，夏某支付装修款项时，股东间的报销有时是相互签名的。蔡某曾签署夏某的部分报销，但在双方发生矛盾后，由方某平签署。因此，夏某支付装修款项的情况得到了A公司的股东知悉，且当时未引起任何异议。此外，《股权转让协议》规定，A公司的股东在2020年6月9日协商一致，夏某和妻子将股份转让。在协议中，夏某夫妻确认股权转让前公司的全部股东已进行过清算，确定了股权的价格，并表示公司对内对外不存在任何负债和纠纷。这表明A公司在进行股权转让时已进行了清算，对其主张的装修等事实进行了全面处理，并了结了公司经营期间的所有纠纷。最后，尽管夏某在担任A公司法定代表人期间参与了涉案装修，但A公司并未充分证明夏某擅自进行装修以谋取私利。涉案办公楼装修后成功出租并收取租金也进一步印证了夏某并未以法定代表人身份损害 A 公司的利益。综上所述，法院认为 A 公司对于所主张的权利缺乏事实依据，判决驳回 A 公司全部诉讼请求并无不妥。

三、专家建议

2023 年修订的《公司法》对董事、监事、高级管理人员的职责义务重新作了翔实规定，特别是对忠实和勤勉义务进行了进一步完善，并新增了对事实董事的明确定义。法规明确规定，即使公司的控股股东或实际控制人未担任公司董事，但在实际执行公司事务的人员同样需遵守忠实和勤勉的义务。在实际操作层面，法规要求对董事、监事、高级管理人员的个人行为和职务行为进行准确区分。例如，2023 年修订的《公司法》第一百八十八条规定，对于"董监高"执行职务不当给公司造成损失的情况，应承担赔偿责任。具体违法行为包括违反忠实义务和勤勉义务，公司有权主张的赔偿范围与自身的实际损失一致，也应与"董监高"的违法行为具有因果关系，公司需就损失的发生、金额等承担举证责任。

四、关联法条

《中华人民共和国公司法》第一百八十条、第一百八十一条。

"董监高"勤勉责任的范围如何确定

随着《中华人民共和国公司法》(以下简称《公司法》)的最新修订,对有限责任公司董事责任的规定更明显强调对股东出资情况的严格监管。其中,第五十一条明确规定了董事会对股东出资的核查义务,并规范了对未按期足额缴纳出资的股东进行催缴和董事赔偿的程序。

一、案例简介

(一)基本案情

被告胡某等6名董事是原告深圳A公司的董事,同时也是A公司股东B公司的董事。公司应在2006年3月16日前缴清全部认缴出资额。然而,在2005年3月16日至2005年11月3日期间,B公司分多次出资后,仍欠缴出资5000020美元。一审法院(2010)深中法民四初字第54号民事裁定书裁定追加B公司为被执行人,强制执行后仍欠缴出资4912376.06美元。在2005年1月11日至2006年12月29日期间,深圳A公司的中方董事由胡某、薄某、史某担任;而从2006年12月30日起,贺某、王某、李某接任中方董事。值得注意的是,胡某等6名董事在股东B公司认缴出资额期限届满后,即2006年3月16日之后,曾先后担任深圳A公司的董事。胡某等6名董事未能提供证据证明在股东出资期限届满后,是否积极履行对股东催缴出资的义务。被告胡某等6

名董事是否应对深圳 A 公司股东所欠出资，承担赔偿责任，关键
在于其消极不作为是否明显违反了董事勤勉义务。①

（二）法院裁决

1. 一审法院

一审法院审理本案后认为，本案属于损害公司利益责任纠纷。
虽然勤勉义务是董事应当履行的职责，但仅仅未履行该义务并不
直接等同于必须承担法律责任。要确定董事是否需要承担赔偿责
任，需要进一步分析董事未履行勤勉义务与股东欠缴出资之间是
否存在直接的因果关系，以及这种未履行义务是否直接导致了公
司的实际损失。经过审查，一审法院认定涉案董事虽然未勤勉履
职，但其行为与公司所遭受的损失之间并没有直接的关联。因此，
一审法院认为不应追究该董事的责任。

综上所述，一审法院驳回了深圳 A 公司的诉讼请求，并判决
由深圳 A 公司承担本案的一审案件受理费 192393.8 元。

2. 二审法院

二审法院认为，本案中，深圳 A 公司股东未按时足额履行出
资义务，公司有权要求其全面履行。股东未全面履行出资义务时，
董事可能因协助抽逃出资、未尽监督职责或未履行忠实勤勉义务
等情形而承担责任，但不应一概归因于董事。如果董事的消极不
作为与公司所受损失无直接因果关系，则要求董事承担责任缺乏
依据。因此，在本案中，深圳 A 公司请求 6 名中方董事对股东欠
缴的出资承担连带赔偿责任，于法无据，不予支持。

深圳 A 公司向最高人民法院提出再审申请，主张股东 B 公司
未按期缴纳出资，实际造成对深圳 A 公司的经济损害。胡某等 6

---

① 详可参见（2018）最高法民再 366 号民事判决书。

名董事的消极不作为被认定为对损害行为持续发生的一种默许态度。胡某等6名董事未能履行向股东催缴出资的法定义务，与深圳A公司所承受的损失之间存在直接而明确的因果关系。最终法院判决，胡某等6名董事需共同承担连带责任。

二、以案说法

本案争议焦点为深圳A公司6名董事是否对股东欠缴出资承担连带赔偿责任。结合本案具体情况，一审、二审及再审法院从三个方面进行分析：

（一）追缴股东出资是否属于董事勤勉义务范围

《最高人民法院关于适用〈中华人民共和国企业破产法〉若干问题的规定（二）》第二十条规定，股东在增资时未履行或未全面履行出资义务，原告可提起诉讼要求未尽职责的董事、高级管理人员承担责任，法院应予支持。董事、高级管理人员承担责任后可向被告股东追偿。

一审和二审法院一致认为，董事会的职责范围即为董事的勤勉义务的范围。对于追缴股东欠缴出资的事项，作为深圳A公司的董事的6名董事有责任积极通过董事会会议做出相应决策。然而，6名董事消极未履行该项勤勉义务，引发了是否应当承担赔偿责任的争议。在此问题上，应该进一步分析6名董事未履行该义务与深圳A公司股东欠缴出资之间的因果关系，以及董事未履行该义务是否导致深圳A公司损失的可能性。再审法院的观点是，董事在这一情境下负有督促股东出资的义务。这意味着董事应当积极履行责任，督促股东履行其出资义务，以保障公司的正常运营和股东权益。因此，本案中6名董事未能履行督促义务，可能导致公司损失，从而引发了对其是否承担赔偿责任的法律争议。

（二）6 名董事未追缴股东出资与股东欠缴出资是否存在因果关系

法院认为，股东向公司缴纳出资是义务，董事会可追缴欠缴出资，但股东是否全面出资不取决于董事会决定。6 名董事未积极追缴股东应缴出资，虽非欠缴原因，但因其了解股东资产和运营状况，具备监督条件，其消极不作为放任了损害持续，与股东欠缴出资共同造成深圳 A 公司损失，存在法律上的因果关系。

（三）6 名董事未追缴出资是否导致深圳 A 公司损失

再审法院查明，深圳 A 公司未能完全收到股东应出资款项，并根源于股东未全面履行其出资义务，而非 6 名董事的被动行为或阻碍。虽然这些董事未主动采取追缴出资的行动，然而这并不影响公司及其他利益相关方要求未出资股东承担责任的法律依据。法院同时指出，作为深圳 A 公司和股东 B 公司的共同董事，胡某等 6 人理应清楚了解股东公司的资产和运营状况。然而，他们未能提供证据证明在 2006 年 3 月 16 日之后积极催缴过股东的出资，显然违反了董事的勤勉义务。董事的勤勉义务要求其在履行职责时必须具备高度的细心和谨慎，以确保公司的利益得到最大化的维护。在此情境下，6 名董事未能尽到勤勉义务，对公司未全额收到出资款项的问题起到了一定的推诿作用，应当为此负相应的法律责任。

案例显示，董事的忠实勤勉义务不仅仅涉及以积极方式损害公司权益，还包括以消极不作为的方式，即不履行义务而被动接受损失的持续发生。由此可见，公司董事和高管需以更高的标准，从公司利益出发，履行责任，以确保公司利益得到充分的维护。因此，公司管理层必须深刻认识到，勤勉义务不仅包括积极履行职责，还涉及积极防范和应对潜在的损失，以保障公司的长期发展和最大化的利益。这一认识对于公司治理和董事责任的履行具有重要指导意义。

本案例中，最高院明确向股东催缴出资是董事、高级管理人员的法定义务，未尽法定义务理应赔偿损失。损失赔偿责任的大小取决于相关董事在股东不履行出资行为中的过错程度，而不应理解为董事怠于催缴股东出资而必然承担连带赔偿责任，且不能将本案简单和片面地理解为"凡是认缴制公司股东未缴付出资的，董事都要对公司股东欠缴出资承担赔偿责任"，本案特指具备监督股东履行出资义务便利条件的公司董事，如不履行催缴出资的，构成对董事勤勉义务的违反，应对公司股东欠缴出资承担赔偿责任。

三、专家建议

审查董事是否违反勤勉义务主要考虑两方面。客观方面根据《公司法》第一百八十条，勤勉义务要求董事"执行职务应当为公司的最大利益尽到管理者通常应有的合理注意"。看董监高是否存在"重大过失"的表现。在司法实践中，法院会综合考虑董事法定职权和约定职权，评估其履职积极性、公司是否受损失，以及董事行为与损失之间的因果关系。主观方面，若董事存在重大过失，特别是直接违反法律法规，通常被视为存在重大过失。这些审查方法的目的在于确保对董事勤勉义务的审查既有客观基础，又能准确判断主观过失，以维护公司治理的公正性和法律适用的准确性。2023年修订的《公司法》通过区分董事守法（合规）义务、忠实义务和勤勉义务，为董事义务的体系化形成奠定了基础，实现了董事义务规范在立法技术上的科学化，顺应了董事义务多面向发展趋势。

四、关联法条

《中华人民共和国公司法》第五十一条、第一百八十条;《最高人民法院关于适用〈中华人民共和国公司法〉若干问题的规定（三）》第十三条第四款。

"影子董事"的"阳光管理"

长期以来，公司治理领域一直存在对"影子董事"的规制不足问题。尽管法规规定被正式任命的人为"董事"，但实际控制者通过关联交易等方式侵害公司利益，形成了实质上的"影子董事"。在法律视角，任何实际行使董事职权的个体，即便非正式董事，也应被视为"事实董事"，须对其行为承担相应责任。

一、案例简介

（一）基本案情

2015年9月，A公司实际控制人易甲在未经罗某同意且未告知的情况下，指示易乙和马某伪造罗某签名，制作虚假的股东会决议、股权转让协议及其他公司文件。在罗某毫不知情的情况下，被告们共同欺骗完成股权工商变更登记，非法剥夺了罗某的公司股权，并将其非法窃取的股权转移到了易乙的名下。这一系列非法行为导致原告罗某的股权利益受到了损害，包括为获取该股权支付的现金对价、投入的各种资源对价和行为对价等方面均受到了严重损害。上述情况中，易甲未经充分授权即代表罗某进行股权转让，侵害了罗某的知情权和财产权。被告伪造文件并非法变更股权登记，致使原告在公司中失去了实际控制权。[①]

---

① 详可参见（2017）粤0114民初8158号民事判决书。

（二）法院裁决

1.一审判决

欧某与易甲签署了《股权合作协议》，规定欧某将获得易甲所持A公司30%的股权。该协议已于2015年7月6日进行股权变更登记，罗某代为持有。然而，罗某并未签署《股权转让出资合同书》，且易甲未能证明欧某是其指示的受让方。2015年10月23日，A公司的股东发生变更，变更后的股东为易乙、马某，随后公司名称也发生了改变，股东为马某和吴某南。易甲作为实际控制人了解这一变更。法院支持欧某主张其股东权益受损，由于无法准确评估股权价值，酌定判决赔偿90万元，并拒绝支持超出此额的部分。利息计算起始日期为2015年10月23日，按中国人民银行同期同类贷款利率计算。易乙和马某未出庭，法院对其缺席判决。被告易乙、马某、易甲于本判决发生法律效力之日起10日内向原告欧某赔偿90万元并支付利息；驳回原告欧某、罗某的其他诉讼请求。

二、以案说法

该案的审查重点是实际控制人滥用其控制地位、指示他人损害公司股东权益。

（一）影子董事的身份

我国法律体系中，实际控制人与"影子董事"两者概念相似，但核心区别在于其关注点。实际控制人注重对公司的控制权，这是其核心要素，尽管在法律和学术上存在不同解读。相对而言，"影子董事"的关键在于其是否实际影响了公司董事的决策和职权行使，这种影响可能源自对公司的控制权，也可能来自其他非控制权的因素。

尽管我国法律对实际控制人的定义有所扩展，但仍无法全面覆盖那些没有直接控制权但通过其他方式影响公司董事决策和职权的人。因此，"影子董事"的概念在法律上仍有其独立地位。然而，在司法实践中，对于"影子董事"的规范尚显不足，这在一定程度上影响了股东权益的全面保护。为更有效维护股东利益，有必要强化对"影子董事"的法律规范和监管，以确保法律体系逻辑严谨、完备。

2023年修订的《中华人民共和国公司法》（以下简称《公司法》）第一百九十二条的新增规定是对控股股东和实际控制人行为的进一步规范。这些人在拥有公司控制权的情况下，可能通过其影响力间接实施损害公司和股东利益的行为。即便这些人未亲自参与公司的日常运营和决策，而是通过其控制地位来影响和指导公司董事和高级管理人员，他们也应当受到明确的法律拘束。

实际控制人往往具有高度隐蔽性，因此，在侵害债权人利益时，债权人对于实际控制人指挥名义股东从事的侵权行为难以举证，导致债权人常常在诉讼中失利。为保持法律体系的逻辑性和完整性，我们需要在法律框架中进行调整和补充，以提高法律的适用性和针对性，确保债权人在维护其权益时拥有更有力的法律支持。

（二）指示的界定

1. 指示具有间接性和强制性

在司法实践中，对于"指示"的主观意图的认定通常是通过综合考虑客观条件和行为来进行的。法官需要综合分析接受者获取信息的形式、内容以及意图，同时结合指示的发出者和接受者之间的行为模式进行全面判断。在判定影子董事时，法律依据是行为人对公司董事会的指示，通过影响董事会决策的方向，间接左右公司的运营。重点与事实董事的区分是影子董事并未实际占据董事的职位，而是通过篡夺董事会的主要或最终决策职能，对公司产生了间接而深远的影响。

2. 指示具有持续性

指示与决策的因果关系是认定"影子董事"的重要一环。对因果关系的检验要求并不是"如果没有指示就不会产生决策"这样的假设因果关系，而是董事会的决定是否基于发出指示者的指令或指示的事实因果关系。即行为者的决定是以指示为基础的，指示或指令是他们在决策过程中的依据。

三、专家建议

2023 年修订的《公司法》带来了两项重要变革。首先，即便控股股东和实际控制人未担任公司董事，一旦参与实际经营事务，便须负有与董事和高级管理人员一致的忠实、勤勉义务。其次，若控股股东或实际控制人指示董事、高级管理人员从事有损公司或股东利益的行为，将与相应董事或高级管理人员共同承担连带责任。这一法规强化了对控股股东和实际控制人的法律拘束，同时引入了"事实董事"和"影子董事"制度。不仅有力地发挥了公司董事会治理机制的作用，保护了中小型投资者和债权人的权益，也为我国公司治理体系的完善提供了重要方向。新法的实施将在公司治理方面迎来更为公正、透明的未来。

四、关联法条

《中华人民共和国公司法》第一百九十二条。

确定"董监高"关联交易，需考虑的几个因素

公司董事和高管作为公司治理的核心力量，在行使职权时承担着维护公司利益的重要责任。然而，一旦他们滥用权力，通过关联交易等手段损害公司利益，将面临严峻的法律后果。若违法行为构成刑事犯罪，还将追究其刑事责任。因此，对于公司董事和高管的违法行为，必须坚决追究其法律责任，以维护公司的合法权益和市场的公平正义。

一、案例简介

（一）案情简介

A 公司是一家国有参股企业，由高某和陈某担任董事。根据公司章程，董事和公司经营层人员不得未经许可与公司订立合同或交易。然而，调查发现，高某和陈某共同持有的 B 机电有限公司在 2010 年至 2015 年间与 A 公司签订了大量高价采购合同，涉及汽轮机主要部件，且 B 机电公司实质上只是贸易公司，将采购件外包完成。这些关联交易未经 A 公司内部和股东会审批，且高某和陈某的关联关系未披露。A 公司以董事、高管关联交易损害赔偿责任纠纷提起了本案诉讼。①

---

① 详可参见（2021）最高法民再 181 号民事判决书。

（二）法院判决

1. 一审判决

A 公司与 B 公司交易时间长且金额高，A 公司应能通过查询工商档案了解 B 公司股权情况。高某、陈某非 A 公司控股股东、实际控制人或法定代表人，且缺乏证据证明二人对采购合同有决定权或利用身份促成关联交易。A 公司提供的《报告》单方制作，初步询价结论不足以证明采购配件价格过高，且产品无统一市场定价，价格差异是否损害 A 公司利益缺乏依据。A 公司财务报表显示关联交易期间 A 公司盈利，反映未损害公司利益。因此，A 公司提供的证据不足以证明高某、陈某违反忠诚义务损害 A 公司利益，判决驳回 A 公司的全部诉讼请求。

2. 二审判决

A 公司提供的调查报告不足以证明关联交易价格不合理。B 公司的经营利润符合商业规律，其历年资产负债表未能显示关联交易有失公允。因此，A 公司主张 B 公司利润是其多支出的采购成本，并以此作为损失的理由缺乏事实和法律依据，其上诉理由不能成立。判决驳回上诉，维持原判。

3. 终审判决

再审申请人 A 公司因对陕西省高级人民法院（2020）陕民终777 号民事判决不满，提出再审申请。案件涉及与被申请人高某、陈某之间的关联交易损害责任纠纷。各方当事人一致认定 A 公司与 B 公司之间的交易构成关联交易，并根据《中华人民共和国公司法》（以下简称《公司法》）第二百一十六条第（四）项的规定，法院对"关联关系"的认定进行确认。判决撤销陕西省高级人民法院（2020）陕民终 777 号民事判决及陕西省西安市中级人民法院（2017）陕 01 民初 469 号民事判决；高某、陈某于本判决生效之日起 15 日内向 A 公司赔偿损失 7064480.35 元；驳回 A 公司的其他诉讼请求。

二、以案说法

本案的争议焦点主要有两个：一是 A 公司与 B 公司之间的交易是否构成关联交易？二是案涉关联交易是否损害 A 公司利益？

（一）关联交易

2023 年修订的《公司法》第二十二条明确规定，公司的控股股东、实际控制人、董事、监事和高级管理人员不得以关联关系损害公司利益，否则需承担相应赔偿责任。这一原则在《中华人民共和国民法典》第八十四条同样得到强调，规定了禁止上述人员通过关联关系损害法人利益，且违反者同样应承担相应赔偿责任。尽管存在认为《公司法》并不禁止合法有效的关联交易的观点，法院在审查中通常聚焦于交易的实质内容、合同约定是否符合商业规则以及交易价格是否合理等方面。关联关系指公司控股股东、实际控制人、董事、监事、高级管理人员与其直接或间接控制的企业之间的纽带，以及可能导致公司利益转移的其他关系。在当前司法实践中，一般采用侵权责任的构成要件来评估董事、监事及高级管理人员是否应承担损失赔偿责任。这一评估过程关键分析因素包括判定其行为是否导致公司经济损失，关联交易是否与损失存在因果关系，以及控股股东是否存在损害或故意抽逃出资的主观故意。在本案中，法院的审理思路认定 A 公司与 B 公司之间的交易为双方认可的关联交易。根据《公司法》规定，关联交易涉及公司控股股东、实际控制人、董事、监事、高级管理人员与其直接或间接控制的企业之间的关系。因此，原审判决对于交易性质的认定是合理的。

（二）是否损害利益

在判定关联交易是否对公司造成损失时，关键考虑因素包括：首先，控股股东是否公正、合理地支付了对价，并确保交付了等值的资产或权益。其次，需评估关联交易与公司损失之间的因果关系，即公司在后续运作中获得的资产、利益是否因其他因素导致损失。同时，对于是否存在主观故意，必须审查关联交易的真实背景、交易标的及流程是否符合商业惯例。这些因素的综合考虑有助于全面评估关联交易是否损害了公司利益。在司法实践中，评估董事、监事及高级管理人员是否应承担损失赔偿责任常采用侵权责任构成要件。法院通过判定行为是否导致公司经济损失、关联交易与损失是否存在因果关系，以及控股股东是否存在损害或故意抽逃出资的主观故意来进行分析。因此，全面考虑这些因素有助于更精准地评估关联交易对公司利益的影响。本案再审法院认为高某和陈某作为A公司的董事和高级管理人员，未履行披露义务，违反了忠诚和勤勉义务。他们通过关联交易增加了采购成本，损害了公司利益。案涉关联交易价格高于市场价，不具备公允性。关联交易的发生及变化与高某、陈某任职期间及职务变化存在同步性，证明他们的行为与损害结果有因果关系。因此，高某和陈某应承担赔偿责任。

三、专家建议

关联交易作为一种可能导致公司利益转移的手段，2023年修订的《公司法》为维护公司权益设立了董事、监事和高级管理人员的法定报告义务以及公司内部审议程序，并规定了在不当关联交易情况下的损害赔偿责任。在审理关联交易导致公司受损案件时，法院需兼顾程序正义和实体正义。2023年修订的《公司法》

以"董监高"关联交易为主要规制类型，再借助"事实董事"的
理论，将"董监高"关联交易控制规则适用于控股股东和实际控
制人从事的关联交易，乃至扩张至"董监高"的亲属从事的交易。

四、关联法条

《中华人民共和国民法典》第八十四条;《中华人民共和国公
司法》第二十二条、第一百九十一条、第二百六十五条第四款、
第一百八十二条。